台湾 你可以更讚

本書由「公益信託吾哈進碧教育基金」贊助

此書敬獻給
呼吸在同一片藍天白雲下的台灣朋友們

中国南方航空
CHINA SOUTHERN
大陆居民
往来台湾通行证
入出境許可證
EXIT & ENTRY PERMIT

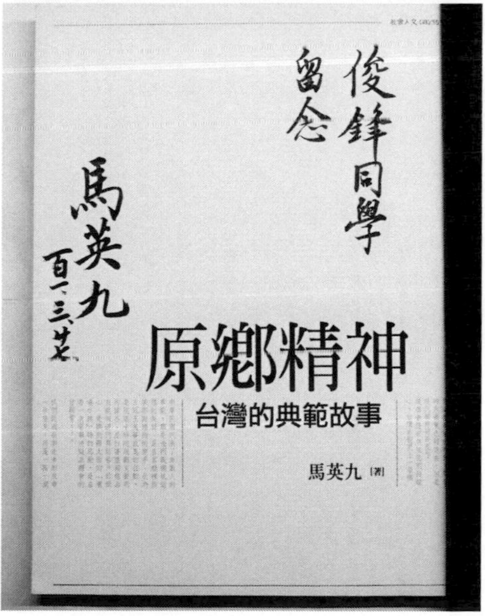
俊鋒同學
留念
馬英九
原鄉精神
台灣的典範故事
馬英九 [著]

序一　一本令人感動的小書

從去年（二〇一一）暑假開始，台灣各大專院校開始正式招收大陸學生來台就讀大學本科，或攻讀博、碩士學位。任何關心兩岸文化交流的人都很容易看出：從一九四九年國民政府撤守台灣以來，這是中華民國歷史上的頭等大事，對於中國未來的歷史發展將造成長久而且深遠的影響。在此之前，雖然已經有許多台灣學生到大陸各大學就讀，也有不少陸生來台灣做短期的交換學習，其影響力顯然不如陸生正式來台就學。

中華文化現代化的道路

我一向認為：從鴉片戰爭以來，整個中國歷史發展的大方向，就是在找尋一條中華文化現代化的道路。一九七六年毛澤東過世，鄧小平復出，並從一九七九年開始推動「改革開放」政策。一九八九年，中共渡過了「天安門事件」的危機，隨後又在蘇聯及東歐國家解體的風波中，堅持「有中國特色的社會主義」路線，才有往後二十年快速而且穩定的經濟成長，並造成「大國崛起」的氣勢。有人說，台灣以六十年的時間追趕西方國家三百年的發展；大陸則是以三十年的時間企圖趕上西方。

正因為台灣和大陸已經不約而同地走上了「學習西方國家」的發展道路，大陸今天所面臨的許多問題，其實在台灣也曾經發生過。大陸的學術界經歷過三個「三十年」的斷裂：一九四九年之前的三十年，是由一批知識分子帶頭，零零散散地向英、美、日本學習；一九四九年至一九七九年之間的三十年，是一面倒地學習蘇聯；一九七九年之後，又由「海歸派」領頭，努力模仿美國。然而，由於大陸學術界接觸西方文化的時間較短，許多學者既無法快速消化西方文明的菁華，又對自己的文化傳統欠缺相應的理解，很難建構出自主的社會科學理論，這種以「模仿西方」作為核心的盲目現代化，必然會陷入「實踐很偉大，理論很蒼白」的困境，而讓大陸的社會發展問題叢生，難以為繼，無法更上一層樓。

儒家人文主義的學術傳統

光復以來，台灣的學術界雖然也是籠罩在「全盤西化」的陰影之下，但我們早已看出：「全盤西化」的結果必然是「畫虎不成反類犬」，我們唯一的出路，就是致力於結合中、西文化之長，建立「儒家人文主義」的自主學術傳統。在我看來，未來兩岸關係的最好安排，是大陸把台灣看做是「中華文化現代化」的實驗室，密切注意它如何處理現代化過程中所遭遇到的各項問題，從中汲取教訓，「擇其善者而從之，擇其不善者而改之」，作為未來施政的參考。今天陸生來台攻讀博、碩士學位的最重要意義，就是讓大陸的新生代能夠來台灣深入反思並學習台灣的現代化經驗，大家一起規劃中華文化未來發展的藍圖。

從二〇一一年暑假，大陸學生開始來台灣的公私立大學，修習學位。我因此以建立「自主社會科學」為宗旨，在台灣大學及高雄義守大學成立「民盟書院」，招收陸生定期聚會，傳授「社會科學本土化」的基本理念。參與台北「民盟書院」的同學，大多是到台灣大學攻讀博、碩士學位的研究生，因此，我鼓勵他們將來不僅要修息「知識論與方法論」，對西方科學哲學的演進能有系統性的瞭解，而且要修習我開設的其他課程，懂得如何以西方的科學哲學作為基礎，建構本土社會科學的理論，並從事研究。

本書作者胡俊鋒同學原本是廣州中山大學哲學與人類學雙修的學生。前年五月，我應邀到中山大學演講，他跑來找我，討論心理學本土化的問題。沒想到一年之後，他真的來到台灣，進入台大心理學研究所碩士班，變成我的學生之一，積極參加民盟書院的活動，並且寫了這本令人感動的小書：《台灣，你可以更讚！》

有一次教育領域的國策顧問在總統府開會，討論陸生來台的問題。我提到這本書，會後並請俊鋒致贈每人一冊。馬英九總統讀完之後，非常感動，不久即回贈俊鋒一本他親筆簽名的著作《原鄉精神——台灣的典範故事》。今天看到這本書能夠順利出版，我感到十分高興，特為之序，以茲鼓勵。

國家講座教授　黃光國

誌於台灣大學心理學研究所

馬英九贈書以示鼓勵和支持，以書對談，以書會友

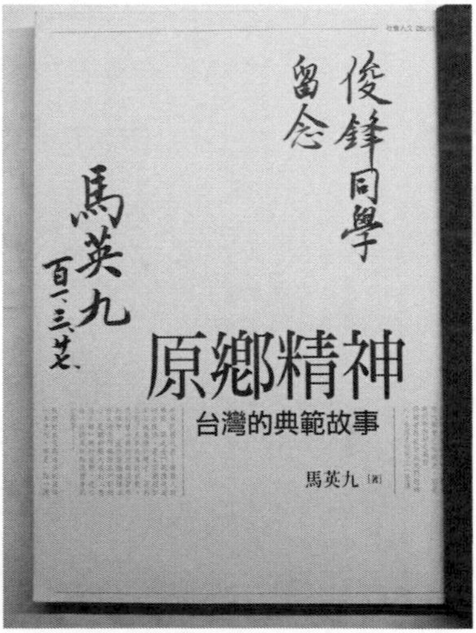

序二　開放留學就是兩岸和平的起點

王丹在〈與中國的未來打交道〉一文之中，特別提到青年學生代表著中國的未來。台灣自二〇一一年正式開啟了開放大陸學生來台就學，不但引起亞洲各國的注意，同時也是台灣在國際上宣傳的大好機會，因為全世界都在看。本書作者胡俊鋒就是「全世界都在看」的第一屆中國大陸留學台灣的研究生之一。一如許多台灣對大陸學生的強烈印象，俊鋒的表達能力與強烈的企圖心，使他在留學不到一年之內就準備要出版他個人的留學心得。這是很有意思的一件事。

在我所認識的大陸學生當中，文筆好的很多，已經出版專書或是正在寫作的留學台灣經驗都有，不過似乎每一個人的重點都不相同。俊鋒以〈尋夢在台灣〉作為自序，提到他寫作的心路歷程，是想與台灣的青年聊聊天，甚至於想要告訴台灣的青年：「大陸不是你們想像的那樣子。」除去尾聲，全書內容包括七部分。他的努力值得所有青年學生參考學習，這一本書記錄著他的成長。

既然應邀作序，自然不免應景要談談對本書的看法。我想提出一點作者令我印象深刻的部分，再提出一點另外一位大陸學生給我的啟發來作為「引起動機」，鼓勵大家繼續閱讀下去，如此一來也算盡了我為作者作序的基本促銷目的吧。

作者在自序當中提到他也對台灣的「三限六不」很有意見，但是後來他發現向台灣爭取是沒用的，大陸應該出來幫他們講話才對，台灣只會解決台灣人自己的問題。這一個觀點是筆者首次看到出自大陸學生的口中，真的令人印象深刻。作為長期研究兩岸高等教育問題的一位學者，筆者必須說這一位學生確實很有想法，也看到了一般人看不到的地方。本人無意對作者此一問題觀點的「對或錯」作評論，那真的不重要；筆者反而希望大家試著從欣賞的角度去閱讀。

曾經有一位大陸來淡江大學的交換研究生說過，大陸很大，來自大陸的每一個學生都不能代表大陸；但是在台灣學生眼裡，來自大陸的學生一言一行都代表大陸，他們不會去分辨你是來自上海或北京，你是哪一所大學、什麼專業，這一件事情令我記憶猶新。換句話說，俊鋒這一本想要與台灣青年聊聊天的新作，可能並不代表所有大陸青年有著相同的看法，但一定程度會成為台灣學生認識大陸學生的一座橋樑。

筆者常常認為，兩岸留學生就是最好的和平大使，留學生越多就代表關係越密切；關係密切就有助於兩岸和平。這是互為因果的道理。雖然起步走來似乎不大順利，兩岸政府對於此一議題的處理態度也似乎不大一致，未來可能還有很長的路要走，才會步入坦途。不過如果從歷史的長流來看，這些都只不過是大海當中的波浪而已，浪花雖然驚人，終究也會過去。但是像俊鋒如此用心的學生，能夠把心得出版，就是一種歷史的註腳，非常值得肯定。

區區數語就已經踰越千字，除了表達對於兩岸開放高等教育交流政策的支持之外，本人也歡迎大陸來台的留學生，更是對於俊鋒同學的成果表示欣慰。兩岸有太多東西可以寫，有太多議題可以討論，更有太多題材可以開發，期待有更多兩岸的青年學生投入，讓競爭從過去的政治與軍事對峙轉移到文教領域，藉由學習的良性互動以保障兩岸未來和平，是吾願也。

淡江大學中國大陸研究所副教授　楊景堯
誌於淡江大學中國大陸研究所

序三　民間交流助力兩岸和平

台北對於從大陸來的人來說，是一個既讓人親切又讓人困惑的地方。最近韓寒寫的〈太平洋的風〉（2012.5.10）在一定程度上反映出很多初到台北的大陸人的感受。這種親切感來自於同根的文化、可以相互交流的語言、比大陸更強的對於中華文化的尊重和多元的包容，尤其對於粵籍之外的大陸人來說，去台北的心理距離甚至比去香港還近！而且由於不同的政治情境，我常常在台北笑著說，大陸見不到的朋友居然在這裡都見到了。這種在台北的自在、自得和自由的感覺，恐怕很多台灣人都很難體會。但是同時，對於初到台北的人，這裡也常常讓人心生困擾。強烈的台灣本土的認同、截然不同的現代史的脈絡，以及類似中華民國這樣的完全不同甚至曾經敵對的政治共同體，都讓我有強烈的異鄉的感覺。毫無疑問，這種親切和困惑，對於一個人類學家來說，都產生致命的誘惑。這些年，無論是北投的溫泉，還是台中的夜市，或者淘米村的青蛙，還有高雄的靜悄悄的舊碼頭都讓我流連忘返，每個地方我都看到文化的層層疊疊，看到生命的靜靜流淌和急劇變遷的交錯。

然而讓我關注的不僅僅是文化，更是政治！印象中很深的是第一次和台灣來的朋友喝酒的時候，在香港。那是一批從台大城鄉所來的朋友，白天大家討論台北十四五號公園事件和美濃社區大學的時候，還宛如在說發生在自己家旁邊的事，文化上很自然也很熟悉。但在晚上喝了酒以後，台灣朋友說起中國的那種戲謔嘲諷，讓早上還在強調中國只是一個想像的共同體的我竟也心生某種類似民族主義的激憤，那個時候才意識到對方對大陸中國，正如我對台灣這個民國一樣其實一無所知，而又先入為主地以為依靠語言的相通就能輕而易舉地瞭解對方。那個時候正是大陸飛彈試射台灣的時候，台灣的選戰也正如火如荼，我整日憂慮的是戰爭似乎隨時可能因為一顆走火的炮彈而真的打起來，但是台灣的朋友似乎完全不覺得這能夠真正發生！那晚，和台灣的朋友以拚酒而結束了兩岸的「戰爭」，之後我開始對台灣的政治生態有了濃厚的興趣。因為身在大陸的我明白，台灣如何變，確確實實是牽動著整個大陸的變化，而我也知道大陸的政治機器如果真的懂了台灣這一套民主政治，是一定要攪動台灣的政治變化的。

在那之後不久，我就開始訪問台灣。之後的接觸如同台灣這些年發生的變化一樣眼花繚亂。我很快就喜歡上台北，很快我就發現作為西太平洋上一個島的生態對於台灣文化的影響，我感觸到台北、台中、台南截然不同的文化衝擊，甚至我還聆聽了太魯閣的原住民對於台灣的南太平洋旋風一樣的想像。這些不斷地旅行讓我時時感受到台灣的文化是多源頭的，也讓我意識到台灣的民主轉型雖然未必是大陸可以複製的，但對於華人世界意義非同尋常，對於兩岸的未來命運也起著關鍵的影響。大陸人很容易迷戀上台灣，但是戰爭的陰影其實從未在政治世界中消除。而我也越來越深刻地意識到，兩岸若要和平，僅僅是政府政黨的官員互訪，僅僅是經濟上的貿易都是不夠的，民間的交流，普通人之間的來往至關重要。

然而，我的行走畢竟都是浮光掠影，走馬觀花，瞭解台灣還是需要有大陸的青年可以住下來，慢慢地咀嚼體驗。所以聽到台灣的大學向大陸生開放的消息真的很高興，我毫不猶豫地推薦了他，學生俊鋒長期在廣州耳濡目染大陸公民社會的氣氛，竟然到台灣半年，就洋洋灑灑寫出一本關於陸生在台灣的書，完全沒有在大陸時的羞澀和迷惘，這讓我非常驚訝，我很喜歡讀他的這本對於兩邊都懵懵懂懂，但是又生動有趣的對比。我為他驕傲。希望這本書讓更多的台灣的朋友能夠瞭解大陸人，尤其是青年人的新的變化，他們才代表著未來。

公民與社會發展研究中心（ICS）主任　朱健剛

謹誌於中山大學（廣州）社會學與人類學學院

序四　做一隻兩岸間的文化蜜蜂

最近最讓我關注的新聞之一，是大陸國台辦一個負責人的講話。這個負責人在台灣會見陸生代表時，居然鼓勵陸生多與台灣學生談戀愛，瞭解台灣思想文化。

說居然，是因為就連在大陸，大學生談戀愛都未必是受鼓勵的事，能容忍就算不錯了。現在官方公開鼓勵台生與台灣學生戀愛，真是開天闢地第一遭。

這說明什麼呢？說明大陸到底還是在進步中，也說明兩岸交流不僅越來越充分，而且越來越人性化。在這個當口到台灣讀書的同學們，可謂身逢其時吧。

既然身逢其時，就值得特別珍惜。

一部中國近代史，很大程度上，是被中國留學生改寫的。哪些中國留學生呢？第一是留美生，第二是留日生。他們不僅是東西方文明交流的橋樑，更重要的是，在整個中國的現代化進程中，他們起到了頂樑柱的作用。這正是今天在台灣的陸生可以參照，可以學習的。

當然，相比美國和日本，台灣的物理面積未免太小，但這並不能削弱台灣對於當下中國轉型的價值。而最關鍵的是範本價值，即對中華文化進行現代化轉化的範本價值。百年中國轉型，無論美國，日本，還是蘇俄，都借鑒過了，但是，借鑒美國和日本，效果固然不理想，借鑒蘇俄，更是造成普遍奴役，普遍災難。而無論借鑒的是好東西，還是壞東西，都無一例外的屬於舶來品，就算好東西也難在本土紮根。

台灣正好在這方面起到巨大示範。無論願意不願意，承認不承認，台灣都可以說是，對中華文化進行現代化改造的一個試管，而且是一個極其成功的試管。

我有幸於今年三月起遊歷台灣整整兩月，最讓我感動的，是台灣的文化之美，即台灣的人情之美，人性之美。這種人情人性之美，幾乎無微不至地體現於台灣普通人的日常生活之中。說穿了，是台灣普通人的生活方式之美。在我看來，這正是台灣與大陸相比，最特異之處，也是最大魅力所在。

而這種文化之美，顯然是文化融合的結果。百年來湧入的日本文化，歐美文化，跟台灣本土文化，跟中華文化相遇，猶如不同元素交匯不斷引爆化學反應，最後生成了一種嶄新的文化，即今天的台灣文化。它集合了多元文化最優秀的基因，無疑是中華文化這個巨大的文化系統中，最現代，最精粹，最美好的一部分。

而當下中國最缺什麼？最缺文化。六十年黨文化的荼毒，對文化的破壞千古僅見，導致當下中國的文化潰敗即人心潰敗。當下中國文化即中國人心急需療治，已是不容爭辯。台灣文化就成了重建中華文化的唯一支點，稱之為中華文化現代化轉化的諾亞方舟，絕非過譽之詞。

所以，台灣對於中國轉型的價值，是不能用區區物理面積去評估的。台灣雖小，其潛藏的文化能量或者說精神能量卻堪稱偉岸。有這樣偉岸的台灣文化示範大陸，乃中華之幸，中國之幸。

如前所述，這文化不是別的什麼，沒那麼高遠神秘，這文化就是台灣的人情人性之美。陸生留學台灣，首當其衝，朝朝夕夕皆可沐浴這人情人性之美，豈非大幸？求學台灣不僅僅是為了讀書，為了專業發展，否則不如留在大陸求學。去台灣就肩負了文化蜜蜂的使命，把經過了現代化改造的台灣文化的花粉點點滴滴地銜回大陸，播種大陸故土，改造大陸文化，應該是陸生諸君義不容辭的責任，若有收穫，其功不在當年留美留日生之下。

這也是我對陸生諸君的一點渴求。胡俊鋒同學的這本小書，一定程度上滿足了我的這點渴求，殊為難得，特此推薦。

是為序。

資深媒體人　笑蜀

謹誌於台灣

序五　推開圍籬，跨越鴻溝

當本書作者俊鋒邀約作序時，令我不禁回想到與他相識之初。第一次見到俊鋒，是於黃光國教授開設「知識論與方法論」的課堂上，短短一句「助教您好！」的口音，讓我馬上意識到他應該就是第一屆中國大陸來台灣的留學生之一，之後我們又於敝所開設的「實驗設計」這門令腦細胞無限陣亡的必修課程中，建立了濃厚的革命情感。與俊鋒相處的日子截至目前才短短半年多，卻深刻發覺他是個對生活、對生命、對周遭環境抱有強烈好奇心的男孩子，才剛來到台灣就已經迫不及待的想探索腳下這塊土地。汗顏的是，雖然身為俊鋒的助教、學長，但我從他身上學到的東西，或許比我教他的還要多出許多。聽他訴說著醉心學術的日子、對暗戀女生的追求、短期出家時的體悟、於家鄉生活的趣聞、甚至對兩岸關係的看法，您會發現他就像是個不斷游移的座標，沒有既定的行為路線，不斷從生活體驗的過程中改變自己對生命學習的態度。

這不禁讓我想起《不是天才，可以不凡》的作者滕怡光女士曾於書中提及的一段話：

學習應該是一種終身的態度和習慣，但隨著年齡增長、歷練漸豐，要經常保持一顆好奇柔軟的心，願意割捨或改變既有的思考甚或行為模式，談何容易？

不過，一個來台灣的小留學生竟然都做得到了，那麼兩岸的互動關係及未來思維呢？是否亦能從每一次的交流中，漸漸地拋開彼此固有的成見、想法和意識形態呢？暫且以學術來譬喻兩岸的關係，我記得加州大學柏克萊分校教授Jeffrey C. Grossman曾說過，從事基礎科學研究的人往往認為實務應用研究不夠深刻，而從事實務應用研究的人則覺得基礎科學研究不夠實際，但唯有基礎和應用研究之間的圍牆倒下，彼此跨越僵局，科學界才能以指數的方式成長。我想兩岸局勢亦然，縱使改變既有的政治體制固然艱難，但若能跳脫敵意仇視的氛圍，從相互學習中朝向更和諧的溝通與瞭解之路邁進，絕對會是兩岸人民樂於所見！

網路上有些大陸同胞不諒解俊鋒為何欲出版此書，但拜讀此作之後，我發現他只是用不同角度的視域來詮釋自己來台留學的情感歷程，而且亦確實令我再度回憶起了台灣的「美好」與「幸福」，感嘆的是，這竟然是出身於此地的我所不斷忽略的。最後想說，即使一路走來深深感受到兩岸關係之途永無止境，但真心期盼每一階段的交流皆能如《菩薩行》中所言：「為利眾生故，不畏諸苦難。」就這一本深深刻畫著體認與感動的生命手記而言，值得我親手為它寫下序言！

台灣諮商心理學會研究委員
台灣大學心理學系（所）
實驗認知組博士研究生　李孟峰
謹誌於台灣大學心理學系（所）

自序　尋夢在台灣

有許多人不解，我為什麼要冒險寫這樣的一本書？早已有大陸人寫的台灣遊記，早已有了陸生寫關於「三限六不」政策的報刊文章，但是卻沒有人站在文化多元性和台灣文化主體性的視角寫過陸生在台的感情歷程。如果我不開個頭寫這樣的一本書，我想再也不會有其他人想到寫。

我寫這本書，想法很簡單，我想跟台灣的青年朋友聊聊天，我想和台灣的青年朋友訴說「我的台灣」，我想與台灣的青年朋友分享你們因為太熟悉而往往被你們所忽略掉的台灣的「好」與「幸福」。我希望通過文化比對和思考，讓台灣的青年人更瞭解大陸的平民生活正在經歷的變化。我想告訴台灣的青年人：大陸，不是一個可怕的代名詞，也不是一個遙遠的他鄉之域，更不是單調的專制文化體。作為時代的青年人，我們應該能夠撇開政治的束縛，勇敢地開始到彼岸的旅行，更多地認識、瞭解和尊重對方。

自從民國一百年第一次開放大陸學生入台學習以後，作為第一批的陸生，不論在文化、政治層面都面臨著全新的挑戰和考驗，沒有任何經驗可供借鑒，只能摸著石頭過河，但是一路走來很珍惜很感恩與台灣的因緣，在種種的挫折與挑戰中受益良多。兩岸文化上的差異，帶給我更多地思考兩岸各自的文化主體性；政治上的微妙曖昧，給陸生帶來了諸多的歧視和阻礙，也讓我經歷了一個精神的轉折；所有的這些都讓我更看清楚了政治的面目，更尊重台灣作為主體的文化實體的存在。

今年是馬政府第二屆開始之年，馬政府主動開始反思陸生政策，社會各界在過去的一年中也對陸生政策做了諸多的論述和論辯，今年是向陸生開放就學機會的第二年，這本書將正面因應當下的輿論，讓更多的人看到陸生在台就學的情感歷程，更好地思考陸生政策。

很多陸生來台之後，對「三限六不」政策有很多的抱怨和不滿，我也不例外，只要有地方聽我滿腹的牢騷，我都會毫不猶豫地答應前往。去年耶誕節，中華青年交流協會邀請了陸生和相關政府部門的官員坐下來一起討論申請台灣學校和在台生活的問題，我趁機一口氣把積攢在心中三個月的怨氣發洩出來。

後來我發現自己錯了！自己爭權爭利的對象搞錯了！台灣人永遠不會為大陸人解決他們的問題，台灣人只會不斷地思考和解決自己的問題，反過來大陸人也一樣。我們陸生向台灣政府訴苦，那是站在我們自己的角度苦苦向台灣政府尋求解決之道，可是台灣政府它需要的是為自己的人們和利益作出考量。我在想，在這之中，大陸政府哪裡去了？曾經高讚我們為祖國未來花朵的政府哪裡去了？我們為什麼沒有向自己的政府提出訴求？只有他們才會為了大陸人的問題尋求相應的解決之法。

我在這裡並不想去指責誰，也不是想去評判策略，只是想跟大家一起分享，在台灣和大陸兩地，我們不得不承認的是，它們是兩種不同文化主體的存在，是兩套不同思維模式的存在。我在書中的正文中，有很大篇幅都在講述自己在這兩種不同文化體中的磨合和適應。

在這兩個文化體的間隙處，我發現沒有一個可以溝通的良好穩固的平台，很同意輿論中的一種說法：「陸生在台的所有權益完全依託在兩岸政治之中」，政治是最靠不住的，卻成為了陸生唯一的希望，這是何等可悲！我相信不僅陸生，來往於兩岸的所有人都會有感於此。雖然現在台灣有海峽交流基金會，大陸有海峽兩岸關係協會，但是這兩個並非官方且握有實權的機構所建立起來的平台能夠提供的保證和作為非常有限，兩岸政府開展合作和交流的事情越來越多，這個有限作為的平台很難從容地去因應新的變化，兩岸合作專案跑太快，相應的硬體設施卻很難跟上。我就因為兩岸沒有良性的溝通平台，碰了很多次壁，遇到了很多的挫折，這些都有在書中一一跟大家分享。我並不抱怨這些挫折和壁壘，正因為這份難得的挫折和壁壘，讓我更看清楚了這些背後所隱藏的問題，大至兩岸政府相應政策的溝通協調和兩岸政策的上傳下達，小至兩岸往來手續的繁複和兩岸機構的彼此醜化，都存在著相互間的不解和敵視。

我行走在台北的一些大學校園之間，我認識了非常多有夢想有追求的青年朋友，但是我也認識了一些極其害怕大陸的青年朋友。最讓我震驚的是，我問幾位台大的朋友為什麼不去大陸走走，他們居然在不同的時間不同的地方給我同樣的一個答案：「大陸有共匪，不自由，專制，地溝油，黃泥水……」還有幾位朋友在出發去大陸交換學習之前，專門跑過來問我，「你覺得我這樣去大陸好不好？安不安全？」我承認大陸有著諸多不如台灣的地方，台灣比大陸先走三十年，各方面都比大陸好很多，但是你不到大陸走走，你根本不能瞭解到真正的大陸；你只聽政府和媒體輿論之音，你永遠不能體會到大陸人的品性、政治體制、意識形態、生活條件等等這些東西，怎麼能夠束縛住我們青年人開眼看大陸的腳步呢？青年人有的是時間，有的是青春，有的是精力，就應該到遼闊的大陸疆域看看，不僅要到上海北京廣州等大城市走走，更要到大陸的鄉村和西部去看看真正的大陸面貌，或許大陸會給你帶來踐行夢想的機會，或許大陸會給你帶來不同的生活體悟，或許大陸會給你帶來生命的精彩……很多很多的或許和可能性，全在於你是否選擇跨出這一步！

但是無論如何，我和其他的陸生都已經跨出了這一步。雖然陸生政策存在著諸多的限制和不自由，但是我們都相信台灣經歷將會給我們生命文本寫下非凡的一筆。此刻的我，只是想用文字把自己的生命歷程凍結起來，只是想用文字激起更多的浪花，只是想用詞藻來與青年朋友分享尋夢的旅程。

胡俊鋒

誌於台灣大學心理學研究所

為什麼要來台灣念書？

這個問題，從陸生登台的那一刻起，便被無數次地問起，不論是媒體還是身邊的朋友，我們都在一遍遍訴說著各自來台的緣由，而今已經不經思索便可以脫口而出了。

坦白講，台灣並非是我最初的選擇。最想去的是香港中文大學，因為香港的研究式碩士（Master of Philosophy）能夠享受平均每月高達兩萬港幣（約七萬多新台幣）的獎學金，可惜最終因英文水平未達標而慘遭拒絕；雖然英國Sheffield、Durham和Manchester都提供了攻讀博士學位和獎學金的機會，可惜面對高昂的費用只能止步，最後無路之際帶著一種無奈的心境選擇來台灣。

楊景堯教授在他的博文中提到一位大陸學者的看法，他認為台灣「三限六不」的歧視性政策難以吸引陸生。當我在大陸尋求一些機構的支持資源的時候，聽到最多的答覆便是：「既然台灣『三限六不』那麼不公平，你幹嘛還要去？」

即使如此，來到台灣，我越發感恩來台灣讀書的因緣。大陸出境求學的學生已經遍佈世界五大洲，唯獨沒有台灣。之前的無奈，是因為完全沒有看到台灣的寶藏；當在台灣落地打滾半年，深深地體會到台灣社會和學術的價值所在。要認識一個地方的文化生活不是靠短促的旅行，而是需要長期地與當地人生活在一起。學生身分讓我有機會能夠在台灣停留兩年的時間乃至更多。

吾輩最關切的應是自己所生活的社會的發展問題，我所思考的是正在經歷大轉型的中國大陸將何去何從？我又能夠在這股潮流中做什麼？我想台灣是一個經驗和靈感的最佳來源地。台灣與大陸一樣是中華文化的傳承地，兩者卻在民國三十八年之後走向兩種不同的發展脈絡中，台灣是大陸最好的參考標，在台灣能夠給我讀懂中國的新視角。

目次

MEMO 1
近在眼前，咫尺天涯

張亞中在《百年中國：迷霧之向》紀錄片中提到，從金門到廈門「五十分鐘的船距，卻足足花了五十年的時間」。我從廣東出發台灣的尋夢之旅，僅僅花了九十分鐘的航程便抵達了曾經那個遙不可及的桃園國際機場。這裡的陰沉的天空和連綿的雨水告訴我，我已經來到了一塊叫「台灣」的土地上。我家的多少代人都不曾想見這一刻的來臨，因為台灣遠比九十分鐘的航距來得更遙遠……

遙遠的九十分鐘航距

「俊鋒，這個遊戲你沒有玩過嗎？難道你不是台灣人？」
「嗯……我是大陸廣東過來的。」
「喔，原來是外籍生！」

在大陸一直沒有學習日文，來到台灣，每天遊蕩在日式風格的台大校園中，有了學習日文的衝動。日文老師常常會使用台灣本地的遊戲和例子來幫助學習，我猜這個方法只對我和另外一位德國學生無效，甚至更糟。那位德國學生因為皮膚比我白，經常得到老師的專有關懷，對於很多陌生的名詞，老師都會很可愛地問：「這個詞你懂嗎？德文裡面有嗎？」跟台灣人一樣有著黃皮膚黑眼睛的我就沒有這種獨特的關懷。有一次日文練習，老師問我：「你喜歡鼎泰豐小籠包嗎？」鼎泰豐是什麼？我完全沒有概念，我直接回答了句：「我不喜歡鼎泰豐小籠包。」全班同學很驚訝地回頭看我，老師補上一句：「真的嗎？好特別喲！」一頓時不知所措，似乎回答錯了答案。

這樣的事情還不止一件，把華人的沉默性格發揮到極致的我一直都沒敢主動在課堂上問老師：「這個詞什麼意思？」、「那個遊戲怎麼玩？」之類的問題，感覺這樣問會很丟臉，所以總是默默地在一旁學著跟著身邊的台灣同學做，心裡也偶爾會嫉妒那位德國同學，為什麼我就沒有白皮膚來標榜我的異文化背景呢？直到學期過半的時候，老師要我們玩遊戲，看著愣在一旁的我，才有了上面的對話，也才發現我的陸生身分。

雖然廣東和台灣在地理距離很近，可是日文課上的經歷讓我感到深處兩岸之間還有文化距離。

以前總是以為台灣很近很近，它再遠也不過是隔了一個海峽九十分鐘的飛行距離。我是廣東梅州的客家人，台灣的客家人幾乎都是從梅州的大埔縣過去的，這些年來兩岸的客家人經貿往來繁多，僅僅是大陸三線城市的我家鄉也開通了直飛台灣的飛機。我們雖然沒有到過台灣，它卻猶如近在咫尺，台灣的客家人很多，我們不自覺地總認為那裡是我們的第三個故鄉。

下了飛機，才突然發覺這裡並不是大陸，這裡是台灣，那種感覺並非是從一個省到另一個省能夠形容的，而是一種抵達異國他鄉之感。我自然曉得這種說法是一種「很不愛國」的行為，但是這裡確是真真切切給人一種異國之感。在這個小島上的平民過著自己的日子，似乎並沒有跟大陸有著何種的關聯。在他們的分類系統中，並沒有台灣與大陸之分，只有台灣與中國之分。每一次跟台灣朋友相處，每一次被問及哪裡人的時候，我總是刻意地去使用「我是廣東人」的語句，台灣朋友總會善意地幫我補上一句「你是中國人！」我完全不知道如何繼續接話，氣不打一處來。

從小的教科書上就告訴我們：「台灣是中國神聖領土的一部分。」長大了歷史書上依舊寫著：「世界只有一個中國，台灣是中國的一部分。」我們總是用陰謀論的眼光去看待台灣，總是譴責美帝國主義的干涉致使中國與台灣的割裂，總是不由自主地同情台灣不能回到母國懷抱的苦楚。然而在踏上台灣土地的那一刻回頭看這所有的一切，開始發覺我們自己「太想當然」罷了，我們自己太把自己當回事，完全只是我們自己的想法，未必是台灣人的想法。

六十多年過去了，咫尺的相隔卻是天涯的距離，兩岸彼此都存有著各自對彼岸的想像。在蔣家時代，「反攻大陸」是其主要的口號，一個中國是其最關鍵的主張；李登輝時代以來，台灣開始樹立自己的主體性地位，台灣就是台灣，中國就是中國，台灣並非中國。而今，中國成為了中華人民共和國的代稱，那麼台灣又是什麼的代稱呢？中華民國？亦是亦非。

「你們是不是有飛彈會打我們？」台灣人的弦總是繃得很緊，生怕彼岸的飛彈不知道何日會呼嘯而到；台灣人很害怕彼岸的集權式社會主義制度，生怕哪天最高統帥的一聲令下讓台灣灰飛煙滅。所以，最好的方式便是避而遠之。

「我們有自由，我們有民主，我們拒絕集權，我們拒絕受控制。」香港和澳門回歸後的發展似乎並沒有給台灣人帶來多大的希望和信心。剛剛過去的總統選戰，「和平協定」一度惹來民眾的擔心和憂慮，很多台灣人擔心和平協定的簽訂將是台灣向中國大陸政府投誠的一個表現，民進黨更是抓住這一點火上添油。四十多年來的兩岸雖然沒有再發生槍炮交鋒，可是只要「和平協議」一日未簽，在義理上兩岸依舊處於內戰狀態，即使是當下最為交關的朝鮮半島局勢，在朝鮮戰爭之後便簽署了朝韓停戰協定，並定下北緯三十八度線為界，然而兩岸並無此類的協議，因此何來和平之保障？

不過，我很佩服台灣。當全世界陷入金融危機的時候，當全世界都在覬覦大陸豐厚的市場和利益的時候，當全世界都開始向大陸示好的時候，台灣從來不為所動！不論這個世界怎麼變，不論大陸是否崛起，不論美國變幻不定的對陸策略，台灣都不分場合不分時間地堅決與大陸「對抗」，全世界最敢對抗大陸的不是美國，全世界大陸最怕的也不是美國，是台灣！

曾經遇到一個台灣朋友，他給出了一個很妙的說法：「因為大陸和台灣是兩兄弟，所以台灣才不怕大陸。」大陸也要感恩台灣，因為台灣的存在，有了另一種聲音在耳邊發響，有了另一種發展路徑可參考，有了另一種壓力讓自己不斷成長發展。

經過台灣海峽這個最為迷糊且曖昧的地帶，終於踏上這塊嚮往已久的土地

台灣人？中國人？

語言課程的第一課總是教我們如何自我介紹，幾乎所有教材都會教給你「我是××人」，日文也不例外。

受四年人類學訓練的我最愛做的一件事就是躲在一旁看戲。日文課上最樂的當屬聽每個人的自我介紹。很多台灣同學在單獨自我介紹的時候，都會講「私は台灣人です（我是台灣人）」。

有趣的地方來了，我特別留意到，有一次老師在上課的時候問大家：「如果你出國在外遇到外國人問你哪裡人的時候，用日文怎麼說？」我以為大家會答：「私は台灣人です。」可是我錯了，大家異口同聲地說：「私は中國人です（我是中國人）。」

這也正如英文一樣，不論中華民國公民還是中華人民共和國公民在國際上都統一標識為「Chinese」，在華人群體中，你可能會用「I am Taiwanese」，可是在國際場合你就有可能使用「I am Chinese」。

這個跟我在廣東的境遇不同。廣東人在英文上有專有的名詞，「Cantonese」，可是我只有在廣東參加雅思口試的時候使用到這個詞，其他時候不論在何地，脫口而出的都是那句：「I am Chinese」我想其他廣東人也一樣。

一條海峽，兩本證件

「Start Here, Make a Difference.」

民國一百年九月五日，忙活了近兩個月的入台手續之後，終於拿著登機牌走入了深圳寶安機場的航班等候室，在國際航班登機口顯赫地寫著這麼一句意味深長的話語。

台灣意味著什麼？這是一個很難想像和體會的滋味，它沒有奔赴美國的那種激動與快感，它也沒有遠赴歐洲的嚮往與浪漫，它更沒有前往港澳的親和與隨意。這些年來，兩岸的經貿往來頻繁，交換學習的學生也增多，卻沒有人能夠告訴我到台灣去的意味。有些人因為各自的夢想和追求選擇了台灣，也有些人因為各種的落榜與失意無奈地走向台灣，無論初始心態如何，我踏上的將是一個政治與情感的模糊地帶，它既是一個國家也不是一個國家，它既是中國也不是中國，它難以用一個標籤去描摹，它難以用清晰的言語去描繪，它被很多人述說過，可依舊是一片空白。這種模糊之感，這種不安全感，是走向台灣的獨特心境。

當你前往歐美地區的時候，你只需要拿一本護照；當你前往港澳地區的時候，你只需要拿一本通行證；然而當你前往台灣地區的時候，則需要拿兩樣東西。這兩個東西時刻提醒著你，台灣是一個獨特的地方，你不能拿它當國家相較，所以護照是無用的；你也不能拿它當地區相較，所以單方的通行證是無用的；大陸不樂於送你去台灣，台灣也不歡迎你過來，兩岸兩邊選擇了建立這種獨立證件、互不承認和相互區隔的消極溝通平台。要知道，台灣海峽是一個意義相當模糊邊界相當凌亂的界線，橫跨這條海峽遠比橫跨太平洋來得難。

前往台灣的大陸人需要擁有兩本通行證，一本是大陸出入境發放的「大陸居民往來台灣通行證」，另一本是台灣移民署發放的「中華民國台灣地區入出境許可證」。當進入大陸出入境檢查口的時候，他只檢查你的「大陸居民往來台灣通行證」，並在證件頁中蓋章；而當進入台灣入出境檢查口的時候，他只檢查你的「中華民國台灣地區入出境許可證」，並在證件頁中蓋章。

當我們在津津有味地看南北韓邊境的那些具有區隔象徵和敵對情緒的小把戲的時

候，卻忽略掉了我們周邊的情況，原來相同的小把戲也存在於海峽兩岸中。我並不想成為一個政治人，可是政治卻滲透在我生活的每一個角落。雖然僅僅是兩本簡單的本子，一紫一藍，其中卻大有內容。大陸不承認台灣的獨立地位，認為台灣是中華人民共和國的一部分；台灣亦不承認大陸的獨立地位，認為大陸是中華民國的一部分，可是雙邊卻有往來的需求，這可怎麼辦？於是這兩本好玩的本子便誕生了，大陸海關只認可自己的紫本子，拒絕承認藍本子；台灣海關只認可自己的藍本子，拒絕承認紫本子。在這兩本本子之間，卻是有著猶如台灣海峽那般模糊而深淵的空白和斷裂。

其實，台灣與大陸在很多方面都存在著這種模糊的危險地帶，不論是這兩本本子，還是選戰爭吵得最激烈的「九二共識」，在兩岸的事務上，兩岸都預設了彼此間的這種曖昧關係，沒有哪一方願意打破這種曖昧，也沒有哪一方願意澄清這種曖昧，各方依舊用著相同的表述做著各自的夢，這個曖昧的平台能夠為續多久？不得而知，我們只能知曉它終將會如戀人般要麼走向結合要麼走向分手，它需要有一個更加穩固的共同性平台來代替。

古語有云：「好男兒志在四方」，選擇離開，是為了更好地回去

兩面楚歌的陸生

從小開始，教科書裡面就告訴我：「我們是祖國的花朵，我們是社會主義建設的接班人。」長大了，每天看著中央電視台（CCTV）的新聞，聽著播報員講述著祖國在國際上保護華僑的事蹟。我一直深深地以為，身為一個大陸公民是值得驕傲的，因為我們的政府很愛惜也很疼惜我們。

我一直不明白一九九八年印尼排華事件中，大陸政府以「不干涉他國內政」為由的冷漠態度，直到我來到台灣，我才略有所悟。

陸生是一個蠻可憐的群體，在台灣得不到應有的關懷和保障，陸生在很多台灣人看來就是彼岸送過來搞「統戰」工作的，有時還會被一些人疑為「匪諜」；陸生也很難得到大陸政府的關愛和保護，一來陸生來台讀書不能得到政府的留學補助，因為台灣是中國的一部份，陸生因此不能屬於留學生範疇，二來大陸政府把陸生送來台灣卻極為不放心，唯恐這批陸生受到台灣的政治洗腦把當局不受歡迎的思想和觀念帶回來，因此陸生來台要再三叮囑注意事項，陸生回陸要喝茶談心彙報思想。我在出發台灣前，廣州市台灣辦事處（簡稱台辦）的領導再三叮囑，要謹記三條紅線不能踩：不參加法輪功團體、不參加一貫道組織、不代表國家發表言論。春節放假，陸生們好不容易回趟家過年，我在江蘇、北京等地朋友相續收到台辦約談邀請，幸而廣州市台辦對我比較放心，並無此舉動。

我只是心內充滿無限的不滿，自從陸生赴台之後，大陸政府對我們只有防範之心，很有愛地提醒我們這個不能做那個不能做，生怕我們做了他們認為不該做的事情。除此之外，關懷和關心何處尋覓？大陸政府沒有為陸生提供任何資源支持，政府官員訪台亦想不到關懷陸生，郭金龍領團赴台文化交流，陸生也只有在遠處看他表演的機會罷了。

一種交通，兩種坐法

「俊鋒，你知道進了捷運站就不能喝東西嗎？」

Metro，在台北叫「捷運」，在大陸叫「地鐵」。我常常在想，地鐵，顧名思義，地下跑的鐵路，可是那些在地上跑的路段還能叫地鐵嗎？如此想來，捷運看似來顯得更恰當和更讓人喜愛。

在台北的捷運站，所有的台灣人都知道，只要刷了卡進入就不能再食用或飲用任何東西。一開始我並不知道，與台灣朋友一起候車的時候，自然地從背包裡拿出飲水瓶喝水，我的朋友很難理解我，不知道我為什麼能夠如此大膽且若無其事地在捷運站喝水，最後他湊過來小聲地說：「俊鋒，有件事我不知當不當講？你知道進了捷運站就不能喝東西嗎？」

在大陸，也有如此規定，但似乎沒有人想要去遵從。你可以在地鐵上喝飲料咀嚼食物，很多上班族往往在匆忙趕往公司的地鐵上完成他們的早餐。在大陸，並沒有搭乘地鐵的諸多規定，有的只是禮讓老弱病殘者的善意提醒，似乎在地鐵上想做什麼完全是可以自己自由決定的。很多大陸遊客到了台灣很不解搭乘捷運的這些規定，甚至發生過一些爭吵。

聽到朋友的勸告，我自然趕忙收起水瓶，道了聲：「對不起。」回想起來才理解朋友每次在進捷運站的時候總要把手中所剩的飲料喝完的原因。平時看到朋友即使很口渴，只要準備搭乘捷運，寧願忍耐一段時間也不會為自己買一瓶水，有時看到朋友手裡的奶茶還有大半杯也要拚命地喝下去，而今我算是懂得其中的緣由了。

我問朋友，為什麼會有這麼條規定？他也沒能很好的回答我，因為在他的記憶裡，自從有了捷運便有了這條規定，大家也是這麼做的。

可是無論如何，這已經成為了台灣人的一種常識和習慣。

然而，這些規則都沒有成為大陸人的常識和習慣。今年一月份的時候，香港爆發了「地鐵吃麵風波」。一名女大陸客帶其女在香港地鐵上吃麵，當場受到一名香港人的勸阻，兩人激烈對罵，嚴重到迫使列車停駛。也因為這件事情，囤積已久的陸港衝突完全爆發，港人抱怨大陸孕婦赴港生子的潮流導致香港醫療體系搖搖欲墜、大陸富豪在香港炒樓讓港人難有安家之所，更多的是大陸掃貨團惹來港人的抗議。

隨著台灣不斷地放寬大陸來台遊客的數量，從去年開始增設大陸自由行的省市地區，大陸來台遊客數量必將與日俱增。由於兩岸文化的差異，由於兩岸存在的不同生活常識，由於兩岸有一些彼此不同的習慣，港陸矛盾的問題一樣也有可能在未來出現在台陸之間。暫且不論短期觀光的大陸遊客，甚至來台就學的陸生中也有部分人至今難以適應捷運站不能飲食的規定。

台灣每年放寬來台旅遊的大陸客人數，雖然可以通過旅遊業，充分發揮大陸人口資源，為自己的國民經濟帶來可觀的利潤收入，但是相應的軟體設施是否跟得上？配套的因應大陸客問題的策略是否跟得上？這些都需要認真考量的。雖然民間有很多呼聲，期望政府把腳步放慢，期望政府能夠考慮周全。可是這些年來相關的配套措施卻遲遲沒能推出來。

我在台東認識一位經營飯館的朋友，他曾經跟我提到大陸客的問題，他這些年接待大陸客的經驗告訴他，隨著大陸客的增多，台灣因應的措施如果還不出籠和得到改善，最終受害的還是台灣人。他很憂心台灣旅遊業將來的發展，目前台灣的旅遊業正因為大陸旅行社的各種壓價行為，處於非常低利潤的惡性競爭中，「大陸客雖然人多了，可是利潤也少得可憐了」。

我不是刻意想抹黑大陸人的素養，但是大陸由於地區的廣大和教育資源分佈的不匀，每個人的素養也有很大的差別，不可避免的會存在一些非常刁鑽的人，你不讓我在捷運吃麵我就偏吃給你看，你要吵架我比你吵得更兇，這種人不僅在香港有，甚至我自己在大陸也見過。

有一次我因要參加香港樂施會舉辦的「樂施毅行者」活動返回大陸，在桃園機場的候機廳跟隨等候班機的是一群從大陸北方來的遊客，準備登機的時候完全沒有秩序穿插在前方的隊伍中，後面有幾個旅客用一口廣東話抱怨：「妳哋點可以兼隊，太冇規矩冇素養咗啩！（你們怎麼可以插隊，太沒有規矩和素養了吧）」插隊在前的北方爺們聽不懂，自顧自地繼續登機。當時的我完全汗顏，恨不得在旁邊挖個洞鑽進去，心想：「為什麼他們和我都是中國人！」

我想，所有的大陸人都並不是有意去冒犯當地的規矩和文化，「入鄉隨俗」是每個大陸遊客都樂此不彼的，但是關鍵的是有沒有跟他們講這些呢？就好像我的好朋友會用很友善的方式提前告訴我捷運站不能喝水。

我相信，如果台灣交通部觀光局和大陸國家旅遊局能夠彼此努力，以香港與澳門為鑒，制定相應的策略來因應這些大陸客在旅遊過程中可能產生的問題，兩岸的旅遊事業必將能夠健康發展，實現雙贏。

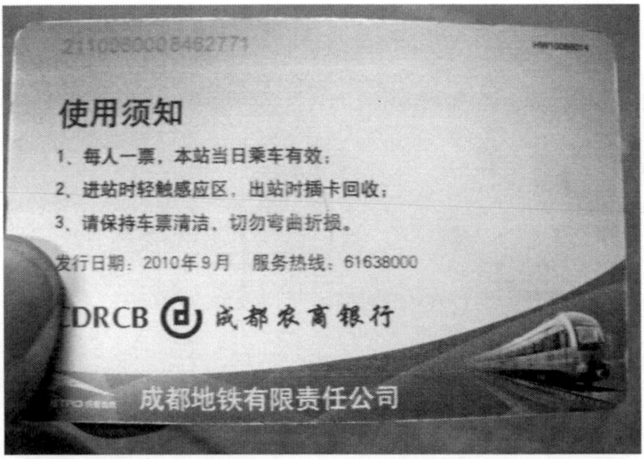

成都的第一條地鐵路線：「1號線：升仙湖→世紀城」

離開台灣登「陸」的不適

春假放假回大陸，剛下飛機換乘地鐵，無數的人頭擁擠在小小的車廂裡，大包小包，大人小孩，熙熙攘攘，吵吵鬧鬧。我躲在車廂的小角落裡，有種無所適從的感覺。

台北最擁擠的地方當屬台北車站的捷運站了吧。台北的捷運班次間隔時間很長，往往有五分鐘之多，可是即使是上下班的高峰期，在這裡也不會擠到被人夾起來的危險。在候車的時候，喜歡捷運站裡頭排隊的自覺，也不急著要登車，而是先讓裡頭的人出來再一個個地上車。

回到廣州，車還沒有到的時候，大家都會乖乖地按照指示靜候在指定的候車線上，車停下來開門的那刻，所有的秩序頓然消失無蹤，還沒有等下車的乘客出來，大家就前擠後推地往車廂裡走，只見列車門邊「請先下後上」的提示語失落地貼在一旁。大家這是怎麼了？害怕錯過了這趟車？可是下趟車三分鐘內便能抵達。

每個地鐵出站口都有自動手扶梯，我乖乖地拖著行李箱，一前一後，靠右呈一直線，生怕擋住左邊留給匆匆的趕路人的道。可是，誰理會這個規矩？我想只有台北人吧！我抬頭望過去，手扶梯上密密麻麻的人都擠用著左右兩條動線，每個人在乎的是手扶梯上有沒有容納自己的空間，沒有人關心背後的趕路人，更沒有靠右站的陳規。

一輛公車，兩種規則

在台北的日子，最怕的就是坐公車。台北的公車其實很方便，車次也很多。可能是台北地方雖小但是街道卻錯綜的緣故吧，而且公車的行駛路線都相當長。每一次搭乘公車前，總需要痛苦地從公車牌細小的字體中尋找自己想要到達的目的地。有時候在不同的路口坐車，也會有不同的坐車路線和收費價格。

台北的公車也是採取無人售票的刷卡式收費，可是它的收費方法卻跟大陸有很大的不同。每次上公車都要抬頭看看車內頂上的顯示著怎樣的提示語，如果顯示「上車收費」，那麼你需要從前門上車並繳費；如果顯示「下車收費」，那麼你前後門都可以上車，直至目的地下車才需要繳費。有時候在行車的過程中提示語會發生變化，當你上車的時候已經繳過費用，可是下車的時候提示語提醒你「下車收費」，那麼你就得乖乖從前門下車並再次繳費，這也就實現了分段收費。

初到台北的時候，我簡直被弄得暈頭轉向，只是乖乖地跟著台灣朋友，亦步亦趨，他刷卡時我也刷卡，他下車時我也下車，心裡卻很納悶，怎麼有時候上車刷卡有時候卻下車刷卡，怎麼有時候前門上車有時候居然也可以從前門下車，在這個不同於大陸規則的乘車方式裡，如同進入了村上春樹的「1Q84」，完全理不出個頭緒來。

在大陸，很多大城市也都採用無人售票的方式。從前門上車，從後門下車，這些都是大家早已習慣的乘車動線。深圳有些公車路線很長，需要分段收費，在那裡還保留人工的售票方式，根據你距離的遠近收取不同的費用；而在珠海，也有分段收費的公車，由司機根據路程的遠近在特定的時候改變刷卡機的收費金額，乘客依舊保持從前門上車後門下車的習慣，且只需進行一次的繳費動作。

有時候跟著陸生一起出去，我們都習慣了從前門上車的習慣。可能我們剛開始的行程都很短，很巧合的是我們每次搭乘公車都是上車收費，到站了我們卻也沒有留意公車內的提示語，徑自從後門下車，也沒有受到阻攔。直到平安夜的那天，受朋友之邀去政治大學參加聚會，下車的時候後門居然沒有開，而所有下車的乘客卻一個接一個地排隊從前面下車，而且刷卡繳費，我們都感到不解，我們也不好意思問別人，生怕暴露了自己非本地人的身分，學著大家的路線從前門下車。我們分明上車的時候已經繳費，下車的時候卻被司機大叔友善地提醒需要繳費，怎麼回事？需要繳兩次錢！被坑被騙了？後來我們才知道，這就是所謂的分段收費。

台北的公車路線經常很曲折，半小時的捷運路程它需要一個小時，可是公車的費用畢竟比捷運便宜，並且能夠到達的地方比捷運多。然而，對於我這個陌生小夥子來說，很多時候公車不僅僅會給自己帶來很多的麻煩，而且會花上更多的金錢和時間。平安夜赴約參加聚會的那次，一開始我不知道，從台電大樓站候車，「上車收費」，而只要往前走一個公車站，到公館捷運站，便是「下車收費」，也就是說公館捷運站正好是分段收費的一個節點，在台電大樓站上車，我需要繳納二十四元才能到達政大站，而在公館捷運站我則只需繳納十二元便可抵達政大站。所以每次搭乘公車都是一段極為頭痛的事情，不僅要仔細看清楚公車站牌上是否有自己要去的地點，還要弄清楚它分段收費的節點，生怕自己不僅坐錯車還怕多繳費。

台北的公車路線沿途雖然多，可是它並不是每站必停。在公車裡，每排座位兩側都安置了「下車鈴」，如果你要下車要按下車鈴，公車才會在下一個公車站停車。在大陸則不同，大陸的公車路線長度僅有台北公車的一半，大陸的公車的下車鈴只有後車門的扶手邊安置，如果你想下車，可以先提前到後車門等候，並按下下車鈴。當然在大陸很少人會這麼做，因為公車會在每個公車站停車，不論這個公車站有沒有上落乘客。廣州的公車司機有時候就因為沒有在一些站點停靠受到了市民的投訴。

剛開始坐公車的時候，我都只是乖乖地在公車站等候，也不會伸手招車，幸好每次都有其他的乘客招手叫停公車。每次坐在公車上，我也只是乖乖地坐在坐席上等待到站停車，也不會伸手按鈴，幸運的是我每次去的地方都是有很多乘客下車的地方，總是有其他人幫我叫停公車。

同樣的，有個剛從大陸回來的台灣朋友就告訴我一件很有意思的事情，他在成都等候公車的時候，習慣性地會伸手招停公車，與他同行的人都感到很出奇，因為不論你在大陸的哪個城市，只需要你站在公車站等候公車即可，不論這個站有沒有需要上落的客人，公車都會在站上停車並開啟前後門。在大陸，需要伸手招停的只有計程車，所以當你站在公車站伸手招車的時候，很有可能會招停一輛路過的計程車而不是你想要的公車。

台北公車最讓人害怕的是，有些公車的運行居然有工作日和非工作日之分：對一個初來乍到的大陸人來說，這怎麼能夠想像？公車司機也有週末？在大陸，公車是一年四季照常運行的，公車的站牌上只會標明行車路線、車次間隔時間和始末班車時間，並不會如台北一些公車標注工作日行車時間和週末行車時間。某個星期的週六，我第一次坐公車到中研院開會，查看站牌發現有五趟車均可以到目的地，可是卻等了一個小時，都等不來一輛公車駛過，後來抬頭看「公車時刻狀態」才發現這五趟車均顯示「未發車」，仔細一看站牌，才發現在左下角寫著「週一至週五行車時間」字樣，當時是一肚子氣無處發。

本以為沒有公車能夠到中研院了，能到目的地的公車都在週末不發車，絕望之後便是對台北的公車系統破口大罵，與隨行的幾個朋友便開玩笑說：「還是社會主義好呀，為人民服務，公車天天開。」無奈之餘隨處閒逛，在十字路口拐彎，步行不到五分鐘，發現另外一個公車站，有很多公車到中研院，而且週末按時發車！這可真叫「柳暗花明又一村」。

台北的公車給我的印象總是如走迷宮般複雜，所以通常我都喜歡選擇捷運出行，聽說離開了台北就沒有捷運只有公車，而且公車班次和路線還不及台北多，想來就害怕離開台北半步。

台北的交通系統跟大陸很不同，一樣是四個輪子，一樣的外形輪廓，一樣的無人售票，卻有著不同的運行邏輯，總是需要花一些時間和精力去適應，回頭看曾經的那些經歷總是莞爾一笑，只是當時已惘然。

喧囂的都市，總是伴隨著擁擠的公車和地鐵

社會主義好

在台灣，除了部分公車有工作日與非工作日之分外，銀行也是如此。這給我帶來很大的困擾，工作日需要上課，好不容易等到週末可以辦理雜事的時候，銀行卻不營業。我很好奇，台灣的上班族怎麼處理這類事情？

大陸的銀行也有週末休息時間，但是一週七天僅休息一天，有些銀行定週六休息，有些銀行則定週日休息，同一個地方的銀行都會彼此錯開休息時間，使得人們可以天天處理自己的金融事務。我在廣州的時候，中國銀行是週六休息，中國工商銀行則是週日休息，我自己常常是隨身備有多間銀行的卡片，所以走遍廣州，沒有處理不到自己金融業務的地方。

近些年來，大陸的政府機關也在推行「惠民服務」，因此關涉民生的政府部門也都會在週末上班。在台灣經常要蹺課跑去移民署辦理簽證；在大陸，我經常會週六到出入境管理處辦理簽證，因為大陸的出入境管理處考慮到像我這種平時忙於學業或工作的人，每週增加週六的全天辦理業務的時間。所以剛來台灣的時候，我和幾個朋友常常開玩笑地說：「社會主義果然比資本主義更為人民服務！」

一個字詞，兩種達意

「怎麼『宅急送』到了台灣變成『宅急便』了？」
「『宅急便』是專送『便便』的嗎？」

台北有間快遞公司叫做「宅急便」，我第一次看到這間快遞公司的運輸車是在台大的校園裡。眼光久久停留在「宅急便」三個字上，心裡反覆默念著「宅急便」，有種似曾相識的感覺，卻不知這種感覺從何而來。

在大陸有間非常出名的民間快遞公司，叫「宅急送」。當我把「宅急便」的運輸車拍下上傳到網路上的時候，很多朋友留言給我，正如文章開頭所示。

留言很好笑，很幽默。正如我剛看到「宅急便」的時候，第一直覺反應是「宅急送」。我已經習慣和熟識了「宅急送」，可是對於「宅急便」卻有種既熟悉又陌生的感覺，因為它多了一個「便」字。更可笑的是，我的第一直覺反應跟我的朋友相同，這個多出來的「便」是「糞便」的「便」嗎？自覺好笑之時便按下了相機的快門。

後來，每次看到「宅急便」的車子從眼前駛過，我總是經不住發笑。面對這個似曾相識的名詞，我卻不曾把它當作「方便」的「便」字作解。

第一次和台灣朋友出行的時候，我們之間的交流發生很多障礙，雖然彼此都是使用中文交流，可是我們卻需要用英文作為中轉語言。我問朋友：「我們去台北車站是坐地鐵去還是坐公交去？」我的朋友愣在一旁，「什麼意思？地鐵是什麼？公交又是什麼？」我也被愣住了，「你怎麼會不懂呢？台北不也是有地鐵，不也是有公交嗎？」

「地鐵就是地下跑的鐵路，公車就是公共汽車。」

如此解釋，我的朋友似乎還是不是很懂，最後迫於無奈只好動用我們彼此都有共識的英文作為媒介，「地鐵就是subway或者是metro，公交就是bus」。

謝天謝地，我的朋友終於懂了。

「俊鋒，你知道嗎？metro在台北叫捷運，bus我們直接叫公車，所以剛才你說的把我弄糊塗了，完全沒有聽過，不知道你要表達什麼。」

我突然明白了，原來在不同的地方同一個詞有著不同的表述，到了一個新地方不僅僅生活上會水土不服，原來在用語習慣上也會水土不服的。台灣把官方認定的中文稱為

「國語」，大陸則叫「普通話」，一種語言兩種稱呼，其中涵括了很多的差異在裡頭。

Metro在台北叫捷運，在大陸任何城市都叫地鐵。「公車」在大陸有特定的指代，它不是bus的代名詞，而是政府車輛或者免費車輛的代名詞，公共汽車我們習慣稱呼它為「公交」。

我在台灣修習的課程中有一門統計課程，課本中反覆出現「機率」一詞，讓我很傷腦筋。對我來說這是一個新的名詞，可是卻不從哪裡能夠獲知它的解釋。如果搞不懂「機率」的含義，課本就似乎沒法繼續讀下去。有一次和台灣朋友一起吃飯，我們在設想一些事情的發展，他突然說了一句：「這個發生的機率太小了。」這個時候我才恍然大悟，原來這個「機率」對我來說並非是一個陌生的概念，我從小學就開始學習這個概念，只是在台灣採用了不同於大陸的表達方式。在大陸，我通常會用「概率」來表達「機率」的意思，我會脫口而出：「這個發生的概率太小了」，而非「這個發生的機率太小了」。

在台灣學習統計課程，林清山老師的教材被奉為統計學的「聖經」，在大陸也沒有勝得過林老師的好教材，可是我依舊會去尋找大陸的教材來讀，因為我發現兩岸的教材雖然都是用中文來表述，字都能夠認識，單個字義都能夠理解，可是連成詞或句子就變得很難理解其內容。有時候在討論統計學問題的時候，我會給台灣朋友推薦大陸學者的相關書籍，我會覺得很好理解的，可是對於他們來說卻遠非如此。

記得台灣大學負責陸生事務的范姜惠玲小姐，她在陸生抵台之前就加入了陸生的QQ群，她每天都能看到陸生們各種各樣的聊天和調侃，我們問她：「你能看得懂我們在說什麼嗎？」她回了一句：「雖然是簡體字，不過每個字還是認得的。每個字的意思我都懂，可是拼成一句話就看不懂了，一半懂一半猜。」

這些能夠找到意義相互對應的不同表達的字詞還能夠讓彼此之間相互理解，可是還有很多的詞彙是兩岸彼此獨有的，很難去找一個對應的詞彙來解釋或者描摹。有一次，擊劍社的朋友突然跑來問我：「俊鋒，你們大陸人在BBS上經常會說的一個詞，『雷人』，到底是什麼意思？」有一次陪一個朋友逛街，我朝著一個很簡陋卻售價昂貴的東西說了一句：「這個東西也太『坑爹』了吧。」我朋友瞪大了眼睛問我：「坑爹是什麼意思？」諸如此類的，很多的口頭用語我們已經忘卻了它的原意，我們能夠依情景來表達，卻當讓我們用言語去表達其意思的時候我們卻啞口無言了。正如有一次一個台灣朋友跟我說了一句：「你太妙了！」妙？什麼意思？我跟我隨行的陸生都完全沒法領會這個「妙」的意思，只知道這個妙應該是一個正向詞彙，台灣朋友舉了很多例子花了半天功夫來解釋「妙」在台灣的用法，我們也是似懂非懂的點著頭聽著。

語言終歸是一種文化的載體，語言的差異和衝突時時刻刻都在提醒著我，站在我面前的黑眼睛黃皮膚的人是跟你有著不同文化背景的人；語言的差異和衝突也時時刻刻都在提醒著我，自己身處的是台灣，它跟大陸有著很多的不同。對於一個文化的理解，對於一個語言的理解，並非是易事，全權交給時間吧！我相信，只要自己敞開心扉接受和學習這裡的一切，有一天我會理解的。

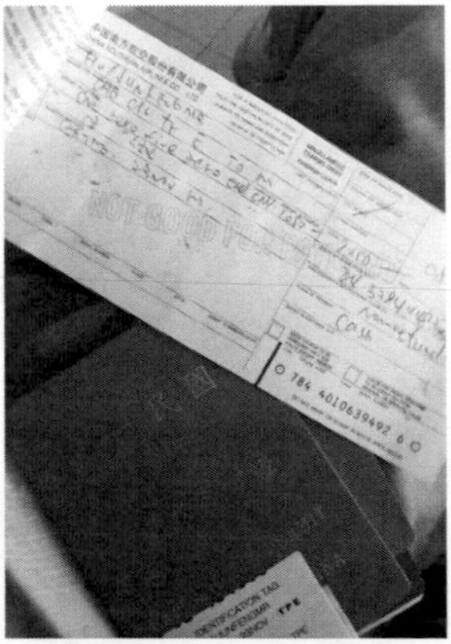

因為台灣出入境許可證上的一句話被大陸航空公司扣留誤機，自掏一千兩百五十元人民幣隔天再飛，這份苦我該找誰訴？

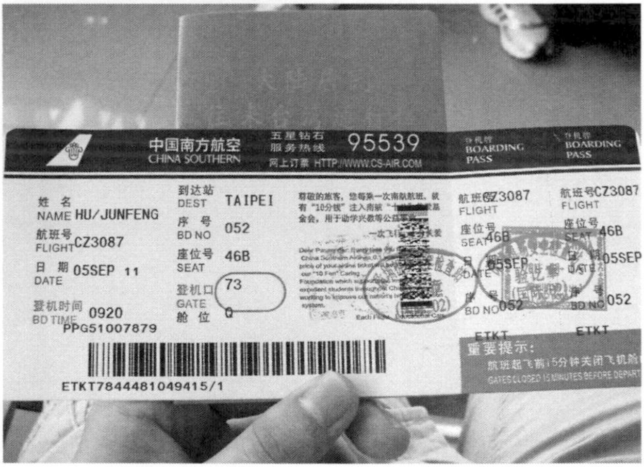

對語言表達的害怕

來台灣讀研究所，面臨最多的挑戰是每週數次的報告和演講，這就牽涉到用詞的使用。有一次在組織心理學的討論課上，鄭伯壎老師看到我的報告案，風趣地說：「你有沒有發現你用的一些詞彙跟我們台灣人很不同？」台灣人一般不用「泥潭」這個詞，而喜歡用「泥沼」這個詞。共產黨從農民起家，喜歡用比較通俗的語言，國民黨不同，喜歡用比較文雅的詞彙。

這個我當然深有體會！「context」，大陸人翻譯英文喜歡直譯，直接翻譯為「文本」，台灣人則會使用更為傳神的一個詞，「脈絡」。這個詞把我害慘了，來台前半年聽研討會看台灣文獻，完全不懂這個詞，還以為是經脈之意，直到有一天看到中英文對照的時候，才真正知曉其中的意思。

寫這本書的時候，心情是戰戰兢兢的，小心謹慎地選擇措辭，生怕搬出一些我已經習以為常的大陸詞彙把大家嚇倒了。可是這些詞彙和表達方式，都已經深深地融入了我的文化血液中，正如台灣的語言風格也深深地烙在每個台灣人的身上一樣，難以規避。我想，在這本書的字裡行間，在我與你的對話之中，也是一種文化差異的呈現，也是一種難得的經歷體驗。因此，不僅這本書的內容，包括這本書自身就是一個多元文化的展演。

一個中秋，兩種過法

來台灣遇上的第一個節日是中秋節，是一個舉家團聚的傳統節日，而恰逢這時的我剛剛來到台北安頓下來，幾天的時間裡忙著熟悉校園，忙著註冊繳費，忙著籌備寢室用品，忙得已經忘了時間的自己，入夜抬頭見一輪明月高高掛，方才醒悟，已經是農曆八月十五了，不知不覺中已經是中秋了，去年今日此時的記憶還歷歷在目，如今隻身已在海峽的彼岸處。

思鄉，似乎是每一個遠遊在外的中華兒女的中秋情節。小時候，懵懂的自己搖頭晃腦地讀著李白的「抬頭望明月，低頭思故鄉」，長大了，遠離他鄉的自己才明白，這是一種對故土與親人的不捨；小時候，天真的自己高低起伏地吟誦著余光中的〈鄉愁〉，長大了，站在台灣這塊土地上的自己才理解，這是一種靈魂深處的召喚與落月歸根的情愫。

早在八月份忙碌著辦理赴台證件的時候，大街小巷中陸陸續續開始有商鋪擺出了月餅專櫃，到了九月份，各式各樣的五花八門的月餅早已搶佔了所有商鋪和超市最為顯眼的地方。過中秋，月餅是必不可少的，也不是為何緣故，從小到大養成了在中秋節裡吃月餅的習慣。不論行走在何處，不論隨身有幾分錢，一個人的時候會就近買塊月餅湊合，幾個人的時候也會弄來一盒月餅分享，似乎只有吃過了月餅才能度過這個中秋節。

在大陸，每年中秋節都是月餅的炒作期，很多月餅都包裝得非常精緻，搭配上等紅酒，貼上知名品牌標籤，價格可高至萬元不等。每年中秋節前夕，最大的一個樂事便是看報紙或電視媒體關於月餅的新聞報導，看著日益高漲和日益出奇的月餅出來，雖然自己無力無錢購買，在一旁也常常看得瞠目結舌，不亦樂乎。

大陸的月餅之所以能夠如此炒作，或許也是它作為因應時節送禮的首選吧。我大學畢業那年，自覺學年論文寫得過於馬虎和草率，連自己都羞得拿出手，卻迫於時間的壓力，加之自己懶散，最後只能使出了歪門邪道，在把論文交給老師的時候不忘去超市挑選了一小盒月餅帶過去，專門選了老字號「廣州酒家」的月餅，雖然一盒只有四個，卻是我咬著牙關狠下心花了九十八元人民幣（約五百元台幣）買下的，後來換來個八十九分，真不知是喜事還是壞事。

剛到台北的時候，母親專門匯了一百元人民幣給我，從大陸打電話過來囑託我一個人在台灣過中秋要買點月餅吃。逛街購物之時，也留了心眼尋找月餅的售賣櫃檯，可是一連幾天下來。別說是櫃檯，就連月餅的影子都沒有見到。在台北的中秋節前夕，全然沒有大陸那種兜售月餅的火爆氣氛，只是偶見一些公車上貼有冰皮月餅的廣告，論長相和大小全然沒有大陸月餅的樣子，當時的自己更不知道去哪裡購買。

負責接待陸生的台大志工提議一起慶祝中秋節，因為他們也需要在中秋節那天回家與家人團聚，所以我們商定提前一天搞這個活動。原以為，踏破鐵鞋無覓處得來全不費工夫；到了那天才知道，是自己太想當然了。原來，我們慶祝中秋是大家一起去吃日式烤肉，從頭到尾只見烤肉，卻不見月餅。甚是不解。

中秋節的那天下午，走在公館商圈周邊，新奇地發現，這裡的人經營著小店的同時，也喜歡在街道邊自己點上爐子弄點烤肉，真是頗有情調。開放性的公園裡也有人喜歡自己架起小爐子，帶上肉塊、叉子和錫紙，優哉游哉地邊酌酒邊烤肉，賽過活神仙！

第二天看新聞播報，一連串的新聞報導都是關於中秋節市民燒烤慶祝因疏忽引起的火災之類的事故或鬧劇。我才略有所悟，難道台灣人慶祝中秋的方式不是月餅，而是吃烤肉？

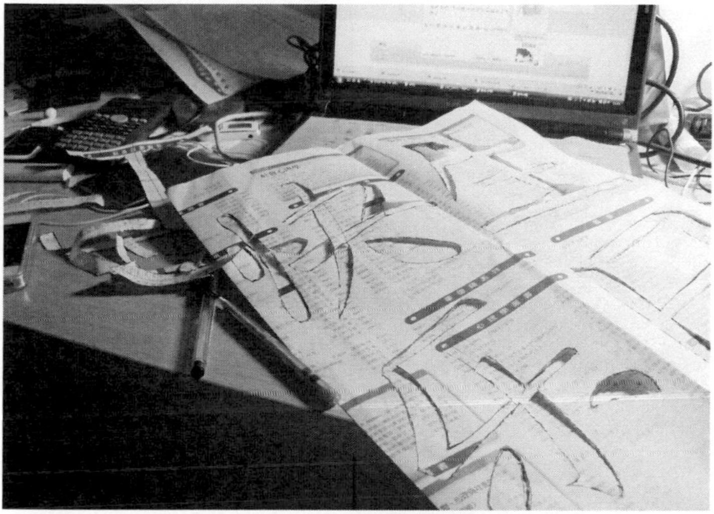

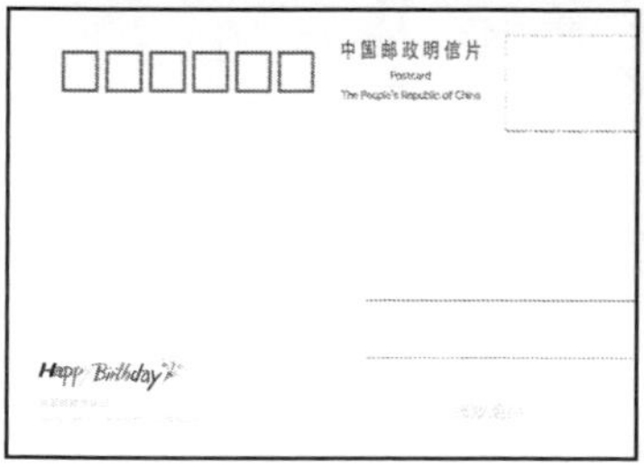

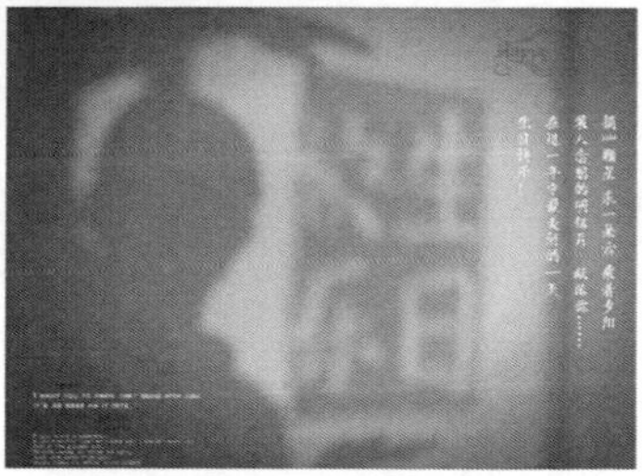

情感是陸生來台之後最難處理的一件事情。為了給彼岸親愛的朋友送上獨特的生日祝福，每天與落日賽跑，終於抓住台北美麗的夕陽，將它拌著生日的祝福印製在了這張明信片上

儀式與故事的魔力

每個節日雖然看似只是一年三百六十五天中平凡的一天，可是卻有特定的儀式和故事賦予它神奇的魔力，讓它變得意義非凡。春節、中秋、生日……等等這些節日無不如此。

民國九十八年的暑假，我到四川平武的白馬鄉開展一個月的人類學田野調查，那裡是「白馬藏族」的聚集地。為什麼要在「藏族」前面加入「白馬」二字？因為這個族群並不認可他們是「藏族」，「我們不喝酥油茶，我們不喝青稞酒，我們不獻哈達，我們不是藏族人。」他們認為自己是「氐族」，可是政府把他們劃歸為「藏族」，他們只好委屈地稱呼自己為「白馬藏族」。也正因為如此，不論是想看藏族的遊客還是想看白馬藏族的遊客，都會來這個地方旅行觀光。

在村子裡有座小木橋，很平凡。直到有一天村長給它想出了一個故事，美其名曰「仙女橋」，傳說每年七月初七牛郎織女便會在此座橋相會，從此之後遊客無論行程再滿，也要牽著伴侶的手騎著小馬在這座木橋上走上一圈。這個村長的想像力非常豐富，還帶我去看他命名的傷心花和愛情花，遊客們都很喜歡坐在小溪邊聽說著這段被虛擬出來的傷心花和愛情花的故事。

誰去管這些故事的真假呢？聽得好玩聽得開心即可，它們都會給我們平白的生活帶來更多的意涵和憧憬。

MEMO 2
台灣之趣，細細品來

為什麼我會來到台灣？其實我也很難理得清說得順，但是能夠站在另一個中華文化的土壤下感受著兩岸的微妙之處，我想這點便足矣。

對台灣的感覺，「妙」不可言。有次我問一個台灣朋友：「你覺得你是外省人還是客家人還是原住民？」他撓著後腦勺思慮良久後告訴我，他不知道他屬於哪類人，他也沒有認真想過這個問題，這個問題對他來說並不重要。但當我在日文課上，日文老師知道我是從大陸來的學生後，驚呼：「哦，原來你是外籍生呀！」一轉頭她卻教我們自我介紹的時候會用「私は中國人です」。哇！

無所不在的便利店

「大陸的便利商店多不多？」
「類似全家那樣的連鎖便利店很少，跟你這麼說吧，大陸大城市的大型超市就跟台灣的便利店一樣多，大陸的便利店就跟台灣的大型超市那樣少。」

剛來到台北的時候，很出奇這裡的七仔（7-ELEVEN）店居然能夠那麼大而且還能夠有那麼多，不僅僅是七仔，還有全家、OK等等便利商店遍佈大街小巷，但跑上幾百里路卻難尋家樂福那般的大超市。

大陸的情況卻相反，便利商店很小，最大的也不過是一個店面大小的規模；便利商店也不多，跑上幾條大街才能夠找到一間這種連鎖的便利商店；然而大超市很多，家樂福（Carrefour）、吉之島（JUSCO）、沃爾瑪（Wal-Mart）之類的大型超市到處開設分店，離家走上幾步便能尋得一間滿足日常生活所需的大超市。

初來乍到的首要之事是安居下來，開始購買竹席、被單之類的生活日用品。最為簡單的辦法是到附近的街道上的便利商店去購買，可是出於習慣性的思維模式，這些便利商店直接被排出我的選擇範圍。

幾個陸生放下行李，開始問詢最近的大超市，台灣朋友完全搞不懂到底發生了什麼，冒出了很多陌生的名字：沃爾瑪？沒有！百佳（PARKnSHOP）？沒有！吉之島？沒有！好不容易才找到想要的答案：家樂福和宜家（IKEA）。台灣朋友反覆地建議我們可以就近到便利商店買到竹席與被單之類的日用品，可是我們中卻少有人會聽從這建議，而是集群搭乘公車到半小時車程之外的家樂福和宜家選購所需。

直到很久之後，跟幾個陸生坐下來閒聊的時候，我們依舊有著這麼種共識，在台灣只有到家樂福才能找到大陸那種購物的隨意與舒適感。

雖然便利商店能夠提供日常所需的物品，它們卻很難提供更為多元的選擇；雖然隨街分佈的便利商店能夠滿足便捷的需求，我們卻總是習慣性地喜歡大超市的廉價；雖然便利商店比大超市更容易找尋，它們卻很難滿足我們隨意閒逛的欲望。

在大陸，逛超市成為了很多人茶餘飯後的樂事。無所事事了，到大超市逛逛；心情不好了，到大超市逛逛；無處可去了，到大超市逛逛。大型超市除了滿足購物的需求之外，它還實現了更多的功能。每天大超市進進出出的人流很大，大超市的停車位總是很滿，在其中購物的人也很多，但是也有很多人空著手進也空著手出。這是便利商店所不及大型超市的地方，在便利商店四處遍佈的台灣，人們或許並沒有被養成這種習慣，然而習慣了大型超市生活的陸生們需要些時日來適應。有趣的是，我周邊的幾個陸生每個月依舊要去家樂福逛上一圈，買上一個月所需要的所有物質。

台北大型超市很少，它的便利商店卻真的實現了名副其實的便利。我常常站在中正區警廳的十字路口處，左手有全家，右手有七仔，背後還有ＯＫ，遠望過去，我知道在下一個十字路口處也有著七仔、全家、ＯＫ……更為神奇的是，便利商定除了銷售的功能之外，在台灣它還能做更多的事情，它可以幫你代繳房租之類的費用，它可以幫你轉帳繳費，它還可以幫你配送網路商品。台灣的很多網路商店的貨物供應會利用便利商店的配送運輸線在最快的時間內送到距離你最近的便利商店處，你便可以很快地從附近的便利商店處完成繳費和獲取商品。由於便利商店有著自己頻繁來往各點的配送運輸線，因此很多網路商店利用便利商店的運輸線就可以更快更省資源地完成產品的配送。體會最深的便是網路訂購書籍，無論你所需要的書庫存在哪裡，金石堂、博客來等網路書商都會承諾你「只要你在當日中午十二點前下訂單，你便可以在次日十二點後最近的超商處取得商品」。

在板橋的格子店裡，找尋著台灣那些年丟失的記憶

無奇不有的網路新詞

大陸的市場很大，許多產品供應商都喜歡到大陸投資，大陸人在選擇產品上也有了更多元的參照和選擇，從小就在這樣的環境中長大，我也就養成了喜歡在各種比較中選擇的習慣。

大陸的網路用語也是如此，經受各種文化的衝擊和洗禮，大陸鄉民的智慧層出不窮，創造出了很多時新的用語，台灣人經常在大陸BBS等論壇都會遇到這些詞彙。

民國九十九年，大陸政府發起整治網際網路低俗之風專項行動，鄉民為了抵制政府對網路不雅用語強制封殺，製造了網路十大神獸：「草泥馬（操你媽）、法克魷（Fuck you）、雅蠛蝶（やめて）、菊花蠶（菊花殘）、吉跋貓（雞巴毛）、尾申鯨（衛生巾）、吟稻雁（陰道炎）、達菲雞（打飛機）、潛烈蟹（前列腺）、鶉鴿（春哥）」。

近些年來，大陸發生幾起弔詭的死亡事件，「躲貓貓」一詞便是從中而來。「躲貓貓」原本是一種捉迷藏的遊戲，但是公民李蕎明在看守所被毆打致死事件發生後，雲南警方起初向公眾說明李蕎明是因玩「躲貓貓」遊戲而死。從此之後，「躲貓貓」成為了公眾諷刺政府躲避法律責任的指稱。「俯臥撐」、「白開水」等詞也是出於類似事件。

大陸人多事雜，無奇不有，精彩無窮，只有你想不到的！「神馬」、「浮雲」、「犀利哥」、「表情帝」、「屌絲」……這是一些因時局而產生的新詞彙，都是大陸社會的一個真實寫照。

求測天命的執著

「為什麼很多店主會在今天中午在門口燒紙錢呢？」
「每逢農曆十五或十六很多店家都會這麼做，應該是祈求生意興隆吧！」

平日無所事事，最愛走的當數台北地下街，店鋪很多，東西很多，看點很多，從吃的到穿的，從看的到玩的，無所不有，應有盡有。

在這個地下街中最吸引我的是那些頗成規模的算命測八字的店鋪。一眼望去，那氣場頗為專業，幾張桌子一排而過，每張桌子都由一人專屬，他們中的每個人又各有所專各司其職，你只需要看看這個人背後立著的那塊牌匾便知道他主要是負責哪方面的測算，這裡有測事業的、婚姻的、感情的、財運的……應有盡有。在這一排座椅的背後，還坐著一個負責全場的主事者，負責管理和協調店鋪的活動。有些測算的店鋪應生意的需要，還有自動取票機，來者需要先索取順序號，依次序排好，可見其生意之興隆。

這是規模化經營的店鋪，還有一些散落街頭的零星個體商。我每天從台大太子學舍到學校的路途都需要經過一個地下走道，在這裡總會看到一個三十歲上下的人坐在那裡，旁邊掛著一幅字，寫著「文王卦一百元」，穿梭其間的人無數，來來去去的人流中，他也靜靜地坐在那裡低著頭看著他的書，一動一靜，那景那情想來甚妙！有時候放學回去，只見那小板凳小桌子小茶几放在那裡，卜卦人卻無處找尋，他也不怕他的東西被偷走，就任憑它們放在那裡，自己跑去別處忙活事情去了。

中國人似乎生來就很相信命這回事，看風水測命運早已成為了一門很技術性的知識，古時便有《周易》一書相傳，而今風水學也陸續進入一些高等院校。在大陸，這些東西曾經被看做「牛鬼蛇神」的封建迷信給予鎮壓和銷毀，可是它們卻如野草一般，不斷地死灰復燃。經受了文革的洗禮和科學的洗腦，大陸的這些行當都不及台灣來的發達，都是在民間小巷小角落裡零星地經營著。

在我廣東住家附近的巷子裡，常常會看見一些白了頭髮的老人，拿著一張板凳一本書靠牆一坐便開始了一天的生意，只見他旁邊掛了兩個字招牌「神算」。這邊的都是個體戶，沒有台灣那種成規模的；而且很多所謂的算命先生一眼望去，衣冠邋遢，也沒有台灣這些算命者那樣衣冠楚楚。每次跑去找算命先生測算，都不敢找那些黑頭髮的中年大叔，深怕他們的道術尚淺，都喜歡去找那些白了頭髮，最好還留有山羊鬚的老年人，他們一手把鬚一手施算，雙眼小瞇，嘴中念念有詞，就會平添了我們心中的幾分可信度。

在台灣似乎很難找到算命先生是長成武俠小說裡老先生模樣，一眼望去全是三四十來頭的中年人，有些還統一穿著漢服或唐裝，來看的人總不會少。我每次到台北地下街路過這些店鋪，他們總會有那麼一兩個顧客光顧和諮詢。一些台灣朋友也告訴我，要是遇到什麼自己沒法決斷的事情，他們會光顧這些店鋪。

完成了第一學期的所有考試，一個台灣朋友帶我來參觀龍山寺，我的朋友也是專門來這裡為自己的家人點平安燈。台灣人似乎非常看重這些生活細節，早在元旦來臨的時候，我便聽聞龍山寺周邊的人為了能夠搶到點燈位，三天三夜全家出動交接排隊，年年如此。

在大陸，很多寺廟也提供這些服務，可是並沒有台灣龍山寺那般來得誇張。在城市的寺廟本身就很少，大陸的很多寺廟要麼距離居住區很遠，要麼就分佈在偏遠的村落裡，過年過節也沒有發現大家有習慣會去寺廟點燈，只有有需求的時候才會想起來去寺廟。我每次去成都的蓮池寺，那裡提供各種點燈服務，我發現很多燈都是寺廟自己點的，由其他人專門要求點的燈卻只有寥寥數盞。每年我去這個寺廟看的時候，寺廟都會點九十九盞所謂的「祈福消災燈」，可是在一旁貼有姓名的平安燈卻還不足這個數。

兩岸的這種差異，想來是由很多歷史因素造成的吧。不知從何時起，「科學」成為了我周邊生活的一切，成為了一切「正確」和「真理」的代名詞，「迷信」作為「科學」的對立面遭到了拒斥。或許是因為馬克思那句關於「宗教是鴉片」論述的名言，大陸的人們總是對宗教活動心存戒心，可是卻有不抵其魅。

在大陸的很多寺廟，人們還是喜歡求神拜佛，捐資攢功德，求取好運鴻途

謀及乃心

我父親是村裡很出名的風水先生，從很小的時候就清楚地記得，父親常常背著他的羅盤出去給別人看風水，父親常常埋頭在紅皮書中替別人選吉日，父親常常校對別人的生辰八字為他取名，從小就很仰慕父親的這種能力和名聲，村裡村外的人有需求都會請父親去幫忙，也因為如此父親的人際關係處理得很好，很受大家喜愛。

長大了，我開始變得迷糊了，當我讀到《中國共產黨黨章》對共產黨員不能持有宗教信仰的規定的時候，我疑惑了。父親是家裡唯一的共產黨員，可是卻又是有名的風水先生，這兩種身分難道不矛盾嗎？

二〇〇〇年，我在四川蓮池寺遇到幾位四川省的公務員，其中一位還是廳級幹部，他們都是很虔誠地佛教居士，常常佈施供養蓮池寺這個道場。我問他們：「你們是黨員吧？這樣跟信仰佛教不抵觸嗎？」他們都笑著回答我：「沒關係的，其實像我們這些公務員中有很多都是佛教徒呢！規定是規定，你受戒皈依了，只要你不到處說，大家也就默許了。」

中國人在處事的時候彈性很大，不論外在的規束如何，怎麼看、怎麼想、怎麼做，都全憑你心中所把持的尺規——「謀及乃心」。算命也如此。我每年都喜歡去廣東四大寺之一的靈光寺求籤，解籤的時候解籤先生到最後總不忘提醒我一句：「籤上是這麼說，它是一種緣，有沒有這個份，全看你自己的努力。有了緣沒有把握時機抓住，你也就沒這命；抓住了，你也就有了這命。」

藝人的自由與尊嚴

「過幾天我就要去考街頭藝人執照了。」
「我沒聽錯吧，街頭藝人還要考執照？」

有一天跟朋友分享各自志趣的時候，有位朋友告訴我，他接下來的目標就是要在今年考取街頭藝人的執照。對於來自大陸地區的我來說，臉上只有無盡的驚訝。

大陸的街頭藝人很多，經營方式也很多。茶餘飯後漫步於廣場的時候，你會看到一些人會在人流集中地帶放上一個手拉式外置音箱，前面擺一個水桶，便開始了一晚上的歌唱。這是一種近似於乞討的行徑，但是這種現象卻屢見不鮮，不論是你在車站，還是在人行天橋，只要是人流最多的地方，總會閃現這麼一群人的存在。

當然，也有經過專業訓練和極具素養的街頭歌手。我的第一次旅行是在湖南省的湘西鳳凰古城，在夜間燈紅酒綠中，會看到一些彈著吉他，唱著關於這裡發生的情感故事。在廣州的地鐵口和音樂廳的廣場上，也都會看見一些實力十足的街頭歌手。賺錢不是他們的主要目的，他們是一種真正為音樂而活著的人。

我讀大學的時候有一個特別愛自彈自唱的朋友，週末總會梳妝打扮一番到心儀的街頭彈唱那些他為自己生活故事而書寫的曲詞。可惜的是，他不僅會遭到很多路人的異樣的眼光，而且還會遭到城市管理員（俗稱城管）大叔的驅趕。

很多人冒充者街頭藝人的名號過著乞討的生活，素養層次不齊，路人也難辨兩者，只好混同一視。大陸的的城市發展很快，文化與素養卻難以跟上，維護城市文明樣貌的工作邊落在了城管的身上，他們專門驅趕在街頭亂擺亂唱分子，讓這個城市保留了安靜卻少了活氣。

台灣早些時候也如大陸的情況相同，可是台灣卻會真正努力為這些真正的藝術工作者尋求出路。雖然需要執照才能成為合法的街頭藝人看來與街頭藝人追求的自由頗為衝突，但是在華人這個特殊的環境下，它卻更維護了一個藝術工作者的尊嚴。它讓街頭藝人通過證照考試合法化，政府開始正視街頭藝人作為一種職業的存在，而且真正整治和啟動了街頭文化，讓在急速發展的現代城市不至於淪陷在單向度[1]的社會中。

1 取自馬庫色的《單向度的人》，意指發達工業社會對人自由和創造力的否定，是的這個社會成為單向度的社會。

當我很開心地與大陸朋友分享這個好現象的時候，卻從我朋友那裡得來了哈哈大笑。確實，這對於大陸當下的環境來說，經濟發展永遠是首位，文化僅能排其次，正規的藝術工作者尚不能得到充分自由和尊重的情況下，又怎麼回去考慮那些處於邊緣的街頭藝人呢？

我曾經為了拍攝關於街頭藝人的紀錄片，跟隨一位詩人生活了一個月。他的名字叫北海，大陸唯一一個街頭詩人。他五十一歲那年把自己的名字張繼先改為筆名北海，告別妻子和孩子，踏上了遨遊的道路，陪伴他的只有他的「飛鴿」牌自行車和詩集，他遊歷了全國二十多個省分，總行程已經超過十萬里，至今仍舊行走在路上。他出版了五本詩集，全部是自費出版，他行走在每個城市的街頭行銷自己的詩集，為的是保住自己的詩人氣節，而不被名利所玷污。

這些年來，他已經見證了每個城市中無數的怪異眼光和犀利言辭的驅趕。有一晚我站在他旁邊記錄下了經典的一幕：

今晚，北海詩人選擇了在中山大學東門的街邊擺上他的作品，在他的正前方是一間叫「巴蜀風」的餐廳，服務台的小姐一身紅袍，與他相向而站。「巴蜀風」這樣的餐廳，是北海連想都不敢想的地方。服務台的小姐偶爾會與北海的眼神相撞，她知道他永遠都不會成為她為之服務的客人，連看也不想多看一眼，把頭轉過去繼續尋找人流中的消費者。一個滿身亮堂地站在那裡，卻為了錢活著；一個穿著已經發黃的襯衫和他的自行車站在那裡，卻為了詩人的氣節活著。可是，一個是堂堂正正的打工者，一個卻是即將要被驅趕的自由者。

最後，用北海的一首韻律新詩〈自述〉[2]作結，獻予大家：

我腦子裡一些香料在發怒，
在思想裡狂奔的豬，
足不出戶，
他們的呼籲，
被阻止在移植的園圃，
我不知道我姓張還是姓朱？
我只知道生存在何處？

2　引自北海部落格「北海詩歌作坊」：http://blog.sina.com.cn/beihaishigezuofang。

我什麼也不圖，
我不圖名與譽，
我把我的身世弄得糊塗，
我的方向也十分可疑離譜，
我的思想雖是豬但終不為奴，
幹什麼事兒我自個兒作主，
我以大地為母乎，
我以天空為父。
我亦不把身心向別人出租，
思與想雖居陋室陋巷而無慮，
日出而作而學矣，日落而息居，
雖無種瓜果菽蔬之勞否，
但心正而神定與萬物同儕而靈魂
不孤。

廣州美術館中常常陳列著來自世界各地的上乘傑作

在地鐵街道旁常常可以見到流浪藝人放生歌唱，雅俗之間，沒有對與錯、好與壞，全看客官的心境

公民社會推手的生活

我有一個非常要好的朋友，他非常隨性，很具有正義感。大學四年中除了自己的學業之外，他喜歡幫助別人解決翻越防火牆使用更多國外網路資源的問題，他也參與到一些維權的運動中。他從農村來，進過工廠打工，做過苦力，他深深明白只有站在全世界的高度才能獨立思考，他深深明白底層人民的苦楚，只要勇敢地為他們吶喊，他們才有可能得到政府的關注。他很喜歡王小波的小說，覺得跟他情投意合。他最大的心願就是生活在一個民主的國度裡，攜手女伴安度在田野鄉間。他處事很溫和，從不挑戰政府底線，而是喜歡與政府坐下來商談，盡自己的努力推動社會的進步。可是，一個這樣的人，他不能出國、不能出境、不能到北京，自從他在大學時代簽下《零八憲章》[3]的那一刻開始。他很想來台灣學習這邊的社區大學的模式，卻不被許可；我和他相約到香港參加百公里徒步，不被許可；他遠赴北京參加學術研討會，剛下飛機就被人送上一張

3 《零八憲章》是為了紀念二〇〇八年十二月十日《世界人權宣言》發表六十周年之際，由張祖樺負責起草，劉曉波等人修改，並由三百零三位各界人士首批簽署的一份宣言，主要內容是闡述自由、人權、民主、憲政等概念，主張修改憲法、實行分權制衡，實現立法民主，司法獨立，主張結社、集會、言論、宗教自由，宣言共提出六點理念與十九點的主張。

返程機票打道回府。

我有一位很要好的老師，他有兩部手機。有一次，我和他一起喝茶聊天，其中一隻手機響起，號碼是一連串奇怪的數字，他不敢接，把手機交給我說：「俊鋒，你幫我接，如果說找我就告之不在。我很怕這種奇怪的電話。」

我認識另外一位為乙肝歧視吶喊的學長，他連續給總理寄了數百封信件，每封都是掛號信，每次都顯示已簽收，可是卻沒有得到任何回音。

向青天白日旗致敬

「你怎麼沒能夠去參加冬季奧運會呢？」
「因為稱呼、旗幟之類很複雜的原因不能參加。」

我第一次現場看體育賽事是在台灣。剛來台灣還不到一個月，第十六屆亞洲女排賽在台北市台大體育館開打。我是一個在花錢上很小心的人，從不願意為了現場看一場排球賽而花費一天的生活費，但是這次心中卻有種莫名的國族感由心而發，花了兩百元買下一張門票。

從我拿到門票到比賽結束，我都在仔細地尋找青天白日旗的蹤影，沒有半點收穫。參賽隊伍中的每個國家隊都有自己的旗幟，唯獨台灣沒有自己的旗幟，有的只是代表台北隊的隊旗。

這是一個世界給台灣開的多麼大的一個玩笑呀！

全世界都在笑話台灣，在自己的土地上進行的比賽，作為主場隊伍卻沒有屬於

參賽隊伍中唯獨不見青天白日旗

自己國族身分代表的旗幟。雖然我並非台灣人，但是卻為台灣人倍感同情。

其實不只是台灣，大陸曾經在那個還沒有進入聯合國的時候，在那個還不被全世界認可的時候，遭遇是相同的。還記得在我小時候的教科書上有這麼一篇文章：

一九九〇年五月的一天，在荷蘭諾維克市國際會議中心大廳，彩旗招展，鮮花簇簇，象徵「和平」與「希望」的白鴿徽標將偌大的主席台渲染得祥和，安寧，光明。來自世界各國的記者早已架好了鏡頭，從大廳的四面八方伸向主席台。「世界兒童為和平為未來」活動在這裡舉行。

當地時間八時三十分，聯合國國歌在大廳奏響，全場譁然：來自世界各國的兒童代表身著豐富的民族服裝，不同膚色的臉上洋溢著歡樂的笑容，他們邁著天真的腳步，歡快地走進大廳。在這群不同膚色，不同服飾的隊伍當中，有一位身材高挑，梳著齊耳短髮，穿著白色短袖，兩眼充滿睿智的黃皮膚小姑娘，她就是應聯合國兒童基金會的邀請，前來參加活動的中國北京中學生梁帆。

當她洋溢著歡樂和其他國家的學生代表一道走進會場，自豪地注目會場上懸掛的各色國旗時，卻怎麼也找不到中國的五星紅旗。她臉上的笑容僵住了，當即走出會場，找到活動組委會，彬彬有禮的提出：「尊敬的組委會先生閣下，我來自中國，我想請問閣下，為什麼這裡沒有懸掛中國的國旗？」

美國的勞斯・威爾擔任這次組委會理事，看著面前這位滿臉稚氣的中國小姑娘，立刻向她解釋道：「由於時間倉促，一時找不到中國國旗，所以沒有掛；對此我們表示歉意，並盡力解決！」但言語中並沒有立刻懸掛的誠意。

梁帆頓時面色嚴肅，用流利的英語向這位理事鄭重提出：「我是代表中華人民共和國的學生來參加的，我就代表中國！有我參加就應該有中國的五星紅旗！如果理事長閣下不立刻掛上中國的國旗，我寧可退出這次活動！並向各國參加的學生宣佈退出活動的理由！」

勞斯・威爾看到這位中國小姑娘稚氣中透著執著，立即聳聳肩，擺擺雙手，微笑著說：「中國是熱愛和平的偉大國度，中國孩子是熱愛和平的小天使，怎能沒有這個參加呢？可愛的中國小姑娘，我非常佩服你的愛國感情，我們保證立刻找到五星紅旗，並掛上會場！」

在梁帆義正嚴詞的要求下，鮮豔的五星紅旗終於在會議開始前兩分鐘懸掛在會議中心大廳的中央位置。這時，梁帆自豪地走到祖國的國旗前，昂起頭，臉上重新露出了幸福的笑容。

這讓我想到了台灣的曾妮雅，一位我非常敬佩的選手。她不論場合和壓力都堅決地向全世界宣告她是台灣人，別人要她填中華台北，她就堅決要寫下「台灣」二字，別人要求插中華奧會旗，她就強硬要求插上自己的國旗。LPGA競標賽雖然耗資巨大，但是當揚昇集團董事長許典雅獨排眾議，擲地有聲地喊出：「在我的國家、我的球場、我的地盤上舉辦，都不能升我國的國旗，實在很沒有意思。」雖然許典雅把總獎金加碼到兩百萬美元換取中國民國的國旗正式升起，但是我認為這是值得的，他也是值得敬佩的。像曾妮雅和許典雅這樣有勇氣、魄力和影響力的人在台灣還很少，我所瞭解和看到的是一系列依附於政治下的可悲——二〇〇一年的亞洲女足賽事因為中國大陸隊伍的參賽沒收了台灣代表隊的青天白日旗；二○○五年的世界溜冰賽、亞青杯柔道賽等比賽，台灣的青天白日旗再次遭受拒絕；二○○八年青天白日旗為陳雲林到訪和熊貓登台秀迴避。

我有一位台灣朋友，她是花式滑冰選手，她告訴我她們一直不能夠參加到冬季奧運會的賽事，只是因為不能升起她們的國旗和使用她們願意使用的稱呼。我當時聽了，心情很沉重，一時無言以對。作為朋友，我為她和她的朋友感到同情和傷心，對於一個熱愛運動的運動選手來說，因為政治而非能力不能參加比賽時多麼讓人感到惋惜；作為中國人，我為她們的捨利取義的精神所震懾和感動，威武不能屈！

路過迪化街街頭，看到一店家正在關注大陸政府溫家寶總理的新聞招待會

每一次登「陸」的大事，便是給朋友們帶去台灣的「福音」；
觀摩完總統大選回去，贈送給朋友一張馬英九成功連任號外

政治是一個很可怕的東西。山坡羊的〈潼關懷古〉早已道出：「興，百姓苦；亡，百姓苦。」不論是大陸還是台灣得勢，像我那位滑冰朋友的事情都在不斷地發生。在中華民國還佔有聯合國席位的時代，大陸也常常因為沒有五星紅旗而拒絕比賽，如今風水輪流轉。

我們的生活似乎少不了政治，可是當生活遇上了政治，這個世界就變得有些躁動和不安。政治並無好壞，但是有沒有想過政治對於我們意味著什麼？我們常常害怕自己被現代科技異化，被機器牽著鼻子走，害怕失去自我感；可是我們有沒有警惕政治對我們的異化作用？我們會不會不自覺地陷入到了政治的漩渦，被它牽著鼻子走，在其中失去了方向，沒有了主見？

我的生活離不開政治，我也積極參與到政治中，盡自己的力量推動大陸政治的改革和發展，但是我拒絕成為政治人，因為我知道我所熱愛的不是這個政府而是這個國家乃至這個世界。所以，雖然我是大陸人，但是對於台灣的國旗我依然保持著尊敬的態度，對於那些為台灣爭義的人懷有莫大的敬仰之情。

我們只有把眼界放開闊，讓視野更多元，我們才能明白自己所站立的地方，才能明白自己要前進的方向，才能不在政治的遊戲中迷失。

為什麼我不是台灣人！

我每次訂購機票來往兩岸，都喜歡通過台灣的旅行社訂大陸航空公司的往返機票，因為便宜！我今年四月四日因參加朋友婚禮而回廣州，透過吉帝領航旅行社訂下海南航空公司的往返機票僅需新台幣九千四百元（約人民幣兩千元），但是如果我通過大陸網路訂購海南航空公司的打折機票，最便宜也需要人民幣兩千四百元（約新台幣一萬一千兩百四十五元）。同理，我發現如果我通過台灣旅行社隨團赴大陸遊玩，也會優惠於通過大陸旅行社出行。可惜的是，由於我的大陸身分，不能跟隨台灣旅行社赴大陸旅遊，因為它僅對台胞有效。

大陸的心理諮詢師的證照跟台灣很不同，它是由國家勞動部門認證的從業資格證，縱使含金量和認可度在國際上是幾乎為零的，面對大陸龐大的市場需求，很多人都會考取此項證照。這個證照分類三個等級，即三級心理諮詢師、二級心理諮詢師和一級心理諮詢師。大陸報考的通過率最好的僅為百分之八十，可是台灣確實百分之九十八！而且大陸考生需要逐級報考，台灣考試卻一律可報考二級！大陸的國家勞動部門專門為台灣考生制定正體字的題庫，這個題庫的題量遠遠少於大陸考生的題庫，更容易準備更有把握通過！這等好事，身在台灣的我當然也想通過台灣機構報考沾點光，可是得到大陸的回覆是：「因為你是大陸人，不符合通過台灣管道報考的資格，目前此管道只適用於台胞。」

親愛的祖國呀，為什麼我就不是台灣人呢？

錢幣的國家符號

「請問，iPhone賣多少錢？」
「兩萬兩千元。」

聽到兩萬兩千元，心一驚，怎麼那麼貴，居然上「萬」！稍後一想，按照人民幣兌台幣匯率一比四點七，換算成人民幣應該是四千七百左右，這個價格跟大陸行情相當，頓時釋然了許多。

相信每一個行走在異國的朋友都有如此的感覺，到另一個地方使用另外一種幣種結算的時候，總是需要通過一些中轉換算才能衡量當中的價值。

剛來的時候，我的思維邏輯總是「台幣→人民幣→台幣」，從廣州過來的我常常難以接受台北的價格，總是在心裡納悶怎麼這也貴那也貴；半年後回去大陸，我的思維邏輯變成了「人民幣→台幣→人民幣」，以前感覺很貴的東西頓然發覺是那麼的便宜，幸福感提高了不少。

剛來到台北的時候，到處閒逛和購物，心中惴惴不安，生怕自己買太貴了，生怕自己買的東西性價比（C/P值）太低，更怕自己被商家欺騙，種種在大陸生活中養成的心態一一湧現，但是自己完全沒有任何的參考標準，只好把曾經在大陸購物經驗搬用到這邊，拿大陸的商品價格來做比較，卻全然不顧這裡的市場情況。開始的一段日子裡，我常常會遭受店家的冷眼鄙夷，感覺那眼神中一絲絲地傳達出：「這大陸人怎麼這麼摳門（吝嗇）！」

早就聽說台北一些店鋪的牛肉麵特別棒，有一次專門跟幾個朋友聽從美食手冊的推薦跑去嚐鮮。拿來菜單，有兩個條目把我弄糊塗了。一條是寫著「牛肉麵五十元」，另一條則寫著「牛肉湯麵三十元」。心想，這到底是哪門子的邏輯？同樣是牛肉麵，有湯與無湯相差如此之遠。此時的我正好口渴，便點下了牛肉湯麵。直到店家把牛肉湯麵端放在我面前的時候，我使勁地用筷子翻攪麵條，希望從中找出點牛肉屑，卻是一亮的失望，才明白這到底是怎麼一回事。原來牛肉湯麵只是「牛肉湯＋麵」而非「牛肉＋湯＋麵」，這完全跟我當初的理解南轅北轍了。

剛到台灣的時候，很討厭新台幣，因為一百元以下的全為硬幣；而大陸很不相同，雖然大陸也有流通硬幣，但是幾乎全部的硬幣都有對應的紙鈔，由於硬幣不方便攜帶，所以大家都很喜歡紙鈔，一些店家會拒絕硬幣付帳，也有一些消費者非常討厭在找零的時候夾帶有硬幣，往往都會要求對方更換為紙鈔。

到了台灣完全不一樣，你完全沒有選擇的餘地，非要用硬幣，而且一元的硬幣幣值很小，但是卻經常被找零的時候積攢下來，鼓鼓的一個錢包全是一元硬幣。每次結帳的時候，自己有習慣性地喜歡用較大的幣值的錢幣給商家，生怕一個個清點出十幾個一元硬幣結算會被後面排隊等候的人們閒話，而且也頗費時間。如此下來，在台北的生活，硬幣成為了我很大的苦惱。

後來尋得了一個解決辦法，這也要感謝台大的僑陸組的細心。他們在陸生聯歡的時候，給每個陸生準備了一個印有台大字樣的錢包，錢包裡頭有一小格專門設有拉鍊，用於儲存硬幣特別方便，而且不怕散落。看來，當地的問題一定要用當地的方法來解決，正所謂入鄉隨俗，在這裡用大陸的錢包很難解決攜帶新台幣的問題。

有一次和台灣朋友出去，他問我：「俊鋒，你身上有沒有帶小朋友，借我一張好不好？」我？小朋友？而且用一張來形容？我完全被弄糊塗了，不知所云，還以為他腦子被連續的陰雨天灌滿了水，變得神志不清。他見我呆呆地愣在那裡，傻傻地瞪著大眼睛和張大嘴巴望著他，他趕緊向我解釋：「小朋友，就是壹仟元，我們台灣人都習慣叫它小朋友，因為它上面畫有很多的小朋友」。

第一次見到新台幣的千元鈔票的時候，讓我非常振奮和驚訝。它是以小學教育作為主題，正面是一群小朋友圍繞在地球儀旁邊，背面是玉山。這讓我想起了自己小時候跟舊版人民幣的那些日子。

從中華人民共和國成立以來，大陸的人民幣已經更換了四次，現在使用的是第五套人民幣，去重新翻看人民幣走過的這四次變革歷程，正好可以看到大陸在不同時期所賦予地不同時代主題。而我出生那年是大陸推廣第四套人民幣的第二個年頭，所以我是在伴隨著第四套人民幣的流通長大，一直到現在的第五套。

我很喜歡第四套的人民幣，因為它的圖案是非常多元化的，壹角的正面是高山族和滿族的人物頭像，貳角是布依族和朝鮮族的人物頭像，伍角是苗族和壯族的人物頭像，壹元是侗族和瑤族的人物頭像，貳元是維吾爾族和彝族的人物頭像，伍元是藏族和回族的人物頭像，拾元是漢族和蒙古族的人物頭像，伍拾元是工人、農民、知識分子三個階層的人物頭像，壹佰元是毛澤東、周恩來、劉少奇和朱德這幾位中華人民共和國開國元老的側面頭像。正如新台幣的設計一樣，具有多元性，更難能可貴的是把不同族群的人物和不同階層的人物都放到其中，在全國流通的紙幣上如此印著這些符號，自然有著非同凡響的意涵和影響。

從一九九九年開始，大陸還陸續更換第四套人民幣，推廣第五套人民幣。雖然第五套人民幣色澤豔麗了許多，而且防偽技術更為高明（大陸假鈔工廠層出不求，道高一丈魔高一尺，造假鈔技術跟隨著防偽技術同時在開發和進步，防偽心理已經成為了大陸人的共識。剛來台北的時候，雖然不知道如何識別真假新台幣，可是卻總是習慣性地觸碰到紙鈔要搓一搓、揉一揉感受下真假），但是從壹元到壹佰元的紙鈔從很多的人頭變成了一個人頭，從各種族群的人頭變成了一個人頭，從各種階層的人頭變成了一個人頭，從幾位開國元老的人頭變成了一個人頭，這個人頭則是屬於毛澤東的。

非常弔詭的事情發生了，很多大陸人都知道毛澤東在生前不斷地拒絕把自己的頭像印製在紙鈔上，可是而今卻「被」印製了上去。

在一九四七年，華北財辦擬定紙鈔圖案的時候，專門委託董必武詢問毛澤東的意見，毛澤東說：「鈔票是政府發

偶而穿過串巷遇見正在休息的流民，我知道這才是真實的台灣：在光鮮的外表下，每個地方都有富人和窮人

行的，不是黨發行的，現在我是黨的主席而非政府主席，因此鈔票上不應該印有我的頭像。」到了一九四九年毛澤東當選中央人民政府主席之後，當時任中國人民銀行行長的南漢宸到中南海開會時又再次請示毛澤東關於印製有他頭像的紙鈔的事情，這次毛澤東拒絕的理由是：「雖然自己當上了政府主席，但是我們不鼓勵給當領導人祝壽、以黨領導人的名字為地方、城市、街道、建築物和工廠命名，以防一些同志因為勝利產生驕傲自滿、歌功頌德、貪圖享受、不思進取的情緒，從而破壞了艱苦奮鬥和全心全意為人民服務的優良作風。」一九五〇年大陸準備印製新紙幣，這時候又涉及到印製毛澤東頭像的問題，毛澤東則透過周恩來表達不贊成的意見。待毛澤東逝世後，一九八三年開始設計第四套人民幣的時候，毛澤東的頭像便開始和周恩來、劉少奇、朱德的頭像一起在壹佰元的紙鈔出現，理由是之前一直沒有印製帶有毛澤東頭像的紙幣是因為他生前一直不同意，而現在情況發生了變化，紙幣上的四位開國元老都先後逝世，憑著一腔緬懷革命先輩的情愫便把他們一一放了上去。而今到了第五套紙幣全是毛澤東的頭像，我發現在網路上流傳著這麼種解釋：

第五套人民幣票面正面主景圖案全部採用毛澤東在新中國成立初期的頭像，這是我國首次將毛澤東像單獨用到鈔票上。採用領袖人物像作為國家貨幣的圖案符合國際慣例，使用毛澤東頭像作為人民幣的主景圖案具有鮮明的中國特色。

我笑而不語。

從大陸紙鈔的演變歷史來看，我深刻地明白了一件事：有什麼事情一定要生前做，死後的事情就輪不到你自己做主囉！我想民主與自由是蔣經國一直所推崇的，但是我想他應該在生前萬萬不會意料到李登輝會與他走向歧路，也不會意料到宋楚瑜會出走國民黨，更意料不到「一個中國」的原則正在面臨被「台灣獨立」取代的危險。

我喜歡新台幣就是因為它的多元和多樣，雖然它並不能覆蓋台灣社會的所有議題，但是最起碼它並不會單一化。壹佰元紙鈔印有孫文和禮記禮運篇大同章文字，貳佰元印有蔣中正和土地改革、基層教育的主題，伍佰元以少年棒球作為主題，壹仟元以小學教育作為主題，貳仟元以科技作為主題。在這些具有國家高度的全民共用的符號背後，都帶有了很多而且很強的象徵色彩。我就是特別喜愛這些多符號背後所承載的不同歷史重量。正如我很喜歡印有蔣渭水頭像的拾元硬幣，台灣的傑出人士千千萬萬，偏偏會在拾元硬幣上印上蔣渭水，就是因為他在日治時期帶動的台灣議會設置請願運動，可謂是那個時候反殖民運動的領袖之一，事蹟感人，其精神更是讓人敬仰。

在台北生活久了，慢慢接受了這裡的文化，也越來越多瞭解了這邊社會的行情，開始學著用當地人的邏輯去做事。然而當回到大陸的時候，雖然衝擊感並沒有剛來台灣的時候那麼強烈，適應也沒有初到台灣那時那麼困難，但是還是有些許的難以調適。

當我們跨越南北半球和東西半球的時候，我們都需要來個時差的適應；當我們穿梭在不同地區的文化和生活中的時候，心理和行為適應更是必不可少的。

最妙的是在臺北這個喧囂的都市中，濃濃的銅臭味之間，夾帶著淡淡的文藝氣息，或許這就是臺北的可愛之處

捉摸不透的天朝聖旨

我父親是中共黨校的教師，相當於地方政府的幕僚，每當中央政府召開重大會議決策之後，他都要把國家領導人的講話稿列印出來，一字一句地讀上很多遍，不斷揣摩這些話語背後的政策導向。

我在四川龍門山鎮的第三年，有一天被鎮長叫到鎮政府幫他忙。他遇到一個很傷腦筋的問題，中央政府在政府工作報告中明確指出要推動落實基層的「社會創新管理」，這個指示通過中央傳達到四川省，省政府又層層下達到了鎮政府，這可把這個鎮長難住了，什麼是「社會創新管理」？鎮長很坦誠地說：「上面也沒有明說這是什麼東西和這個要怎麼做，我估計上頭也不懂這個概念，你參考下國外案例看看應該怎麼做，給你一周的時間幫我擬出相應的策略，我再修改修改。」這是一個大陸地方政府的真實寫照，中央政府往往會給出一個社會發展的大方向，具體怎麼做就需要各級政府自己去琢磨和摸索，如果成效不錯，就會被成為全國的範本競相仿效，地方長官也會得到提拔；如果成效甚微乃至路線錯誤，則會被稱為負面教材受到批評，地方長官也難以被提拔。

這個邏輯依舊是鄧小平提出的「摸著石頭過河」、「不管黑貓白貓，抓住老鼠的就是好貓」的實用主義邏輯。當初鄧小平提出改革開放和經濟特區，沒有人知道如何落實，也沒有人知道怎麼走，可是深圳經濟起飛了，因此成為了大陸沿海城市仿效的範本。

地方與中央的博弈與權衡，猶如一張張棋局，每一步都關係到官員的仕途，從趙紫陽到薄熙來，從重慶到廣東皆不例外。

MEMO 3
陸生在台，鋼絲之行

開放大陸學生在台灣攻讀學位，是台灣政府繼開放陸客旅遊和小三通之後的又一重大舉措。台灣為大陸赴台就學的學生製造了一個新的名詞標籤——「陸生」，以區別於「外籍生」和「僑生」，陸生政策也在台灣各種民意民聲中相互妥協而產生。

陸生在台灣深深地感受著陸生政策所帶來的諸多限制和不自由，其苛刻程度是世界所罕見。在陸生政策的背後，呈現了弔詭的台灣邏輯，開放陸生卻不充分利用陸生，難道這僅僅是一個出於政治目的的行為嗎？如果為真，我想兩岸必將均為輸家。

最為可悲的是，陸生的命運都寄託在兩岸漂浮且曖昧的政治關係之中，猶如乘坐升降梯，站在裡面的人看似安穩，殊不知什麼時候牽引兩岸的鋼絲會斷裂。

「三限六不」[4]的捆綁

「你知道的，我們的所有決定都需要通過立法院，並非是我們一人或者一黨所能決定的，台灣就是這麼一種不同於大陸的政治體制。」

每次我向相關部門抱怨陸生政策的問題的時候，總會得到這樣的回答。雖然心裡有著些許的不滿意，但是卻教我去理解另一種政治體制下的台灣。如果說大陸的官員給我的第一感覺是「父母官」，那麼台灣的政府官員給我的第一感覺是「人民公僕」。暫且不論其辦事效率，僅從為民辦事的態度上來看，有很多地方讓我感到欣慰和舒適的。雖然陸生政策並非行政單位所能左右，但是政策執行上的問題他們卻能夠給予最快時間的回覆，不拖延。

由於陸生辦理台灣出入境證件的先後

4 「三限六不」政策乃有條件開放中國大陸學生來台及採認中國學歷之原則，包括限校、限量及限域，不加分、不影響招生名額、不提供獎助學金、不允許校外打工、不可考照、不可續留台灣就業。

時間不同，部分陸生拿到的證件上印有「入境需持有往返機（船）票」字樣，這讓部分大陸航空公司拒載這些陸生。台灣移民署曾經開會討論過此問題，達成了一個不違背現有政策的共識——「作為在台求學的陸生，他們的目的和任務在於求學，在證件有效期內可以不受到此條規定的限制」，因此在後期辦理出入證件的時候移民署都把「入境需持有往返機（船）票」一句取消。然而針對已經先於此辦理好證件的陸生所遇到的問題，移民署在收到投訴之後及時地向各航空公司補發文件說明，並向陸生保證往後不會再遇此情形。

在陸生相見歡的會議上，教育部、行政院和移民署的官員皆到場參與，他們在陸生政策問題上都能夠給予一個很好的闡述和說明，在陸生遇到的「政策執行」問題上都可以很快地給予一個解決方案。然而面對「陸生政策」本身的問題，發現他們會謹小慎微，不敢做出半點的承諾，只能說：「這不是我的職權範圍，但是我會向有關部門傳達這個意見或開會討論。」

有一次我問台灣大學的學務長關於陸生「三限六不」政策的時候，他說：「我們也很想提供更多的好政策吸引優秀的陸生，可是『三限六不』並非是我們能夠左右的，這需要教育部和立法院有相關的條文和決議的。」

所有的矛頭都指向立法院，台灣的立法院的性質相近與大陸的人民代表大會，它是由被推選出來的不同黨派的人士組成，對國家政策和法律有著決定權的機構。我們假設每一個人都是理性的，而他被推選出來則說明他擁有一定的民意支持，他也是支持他的公民的代言人。按理來說，在這個代表著公民聲音的機構裡做出的決議應該是最符合廣大公民的決議，可是我們卻發現在集體決議機制下出來的卻有很多荒誕可笑的政策決議。

拿陸生政策來說，很多陸生乃至大陸人都感到一種莫須有的歧視，有些陸生自嘲在台淪為了「三等公民」，然而在很多台灣人看來，對陸生的「三限六不」卻是在可以理解和接受的範圍。台灣自稱是一個自由民主且開放的地方，卻唯獨對於大陸另眼相看。大陸始終還是台灣人的「假想敵」，有哪個自由民主開放的地區會向它的敵人施與同樣的自由、民主和開放呢？

台灣有一種聲音一直在說：「我們要讓台灣成為中華民族復興的主要力量，中華民族的復興不是大陸領導台灣，而是台灣領導大陸走向復興。」這種聲音聽起來很有道理，台灣是華人地區自由民主的典範，也是中華傳統文化延續不斷的地方。但是台灣引導大陸，請問要如何引導？

我在申請到香港讀研的過程中，跟很多香港的老師和朋友交流，發現這些年來香港的大學越來越擴大向大陸招收博士生的力度，不僅名額增加，甚至很多專業只招收博士研究生，他們正在有意地培養和吸納大陸的生源到香港，並把這些陸生培養成為博士研究生之後再派往大陸各高校任教，從而讓學校的資源在大陸得到輻射和擴散。誇張點來說，香港的高校正在通過此路徑爭搶大陸的資源和立足點，頗像當初的殖民帝國瓜分那樣來得激烈。在我看來，目前當屬香港中文大學做得最好，香港科技大學、香港理工大學、香港城市大學等等也窮追不捨。這些年來大陸的沿海高校都相續有很多的中文大學培養的師資進駐，加強了與中文大學的專案合作，搭建了雙方共同參與的一個平台，實現雙方的一種共贏。

台灣呢？教育界的眼光還不如商業界，正視到大陸這塊肥大的蛋糕。在台灣的教育界依舊保持著向美國老

從宣告被錄取的那一刻開始，每一位台大陸生都被僑陸組的朋友們關懷著，這一路走來，因為他們的存在，我們在台灣很溫馨很幸福

大哥看齊的姿態，跟著美國老大哥的屁股走。台灣確實擁有相較於大陸來說不錯的教育資源和師資，可是這並非代表台灣就能夠高高在上地為所欲為，畢竟那只是在吃老本。台灣當下對於陸生的政策只是讓其有機會讀書而已，卻沒有能夠好好利用陸生這個橋樑性的資源。台灣表面上張開雙手歡迎陸生的到來，實質上卻對此感到百般的厭惡和拒絕。「三限六不」的推出，只是讓自己有個姿態向大陸示好，並非真心想要吸納大陸的優秀生資源。所以當第一批陸生抵達台灣的時候，台灣人自己也感到很出奇，在這批人裡居然還有來自北大、港大乃至歐美知名高校的學生。這種驚歎這種出奇還能持續多久？

「三限六不」並非不好，它從側面反映了台灣對於大陸的一種奇怪心態，所以才會有了這個荒誕的產物。不能准許陸生打工，因為害怕陸生搶佔台灣人的市場？大陸人確實很多，台灣確實很富裕，害怕大陸人藉機從「窮苦的」大陸跑到台灣生根發芽搶佔台灣的就業崗位？不能獲取政府的獎學金，因為大陸人並非台灣的納稅人？大陸是台灣的心魔，怎麼能夠忍受自己的錢投資給自己的敵人呢？不能考取政府或者醫事執照，因為害怕大陸人偷學其技？

來到台灣，才發覺台灣是個神奇的地方。陸生不能兼職打工，外籍生可以；陸生不能取得政府獎學金，外籍生可以；陸生不能考取的執照，外籍生可以。台灣害怕陸生搶佔市場，卻鼓勵外籍生搶佔；台灣害怕陸生花納稅人的錢，卻鼓勵外籍生來消耗；台灣害怕陸生偷學其技，卻鼓勵外籍生多學點回去。

陸生來台，一心專念一門書，怎麼來到台灣，畢業之後就怎麼離去，不要帶走任何東西甚至一片雲彩，除了一張來自台灣的學位證書。細細想來，暫且不論陸生來台念書為了什麼，請問台灣開放陸生念書求的是什麼？

我並非怕什麼，因為青年人有的是時間來為夢想揮霍，我害怕的是自己不知不覺中成為了政治的犧牲品。不論是我自己還是其他的台灣人，當我們成為政治的幫兇乃至政治的異化品，我們的人生意義何在？

陳寅恪在世曾有一箴言留存——自由之精神，獨立之思想。共勉之！

來台北的時候，一個人一個窗一個夕陽，就這樣過了一天；無盡的不適與思鄉之情深藏在心中，與夕陽一起消融在黑夜裡

居心叵測

經常來往於兩岸，會遇見很多麻煩事，也正是這些麻煩事才能讓你真切感受到這兩岸之間存在的無形之阻隔。

我已經不是第一次被大陸航空公司質疑「中華民國台灣地區入出境許可證」的問題。我第一次被持有這個證照辦理登機手續的時候，航空公司的工作人員需要我出示往返兩岸的機票。我當然有啦，可是他們不認可！航空公司需要的是備有一張「台北—深圳」的回程票，而我手持的是從台北出發的往返票。我很生氣，身為大陸人，居然會被大陸航空公司如此對待，並且拒絕讓我登機！航空公司裝出很無奈的表情說：「台灣方面對政策和證件卡得非常嚴苛，你的證件上寫有『入境應備往返機（船）票』字樣，很有可能被遣返，所以需要你另備一張未使用的返程票。之前已經有很多先例，如果我放你過去，但是你被拒絕入境，我方會受到高達兩萬元人民幣的處罰。所以這是台灣方的問題，不是我們為難你。」

回來台灣，我立即向移民署投訴證件問題，移民署當時接待的一名官員也是一臉無辜的訴說著他的困難，「其實這是大陸航空公司在為難你，之前確實是有部份航空公司行徑太惡劣被我們高額罰款，他們就藉機報復，把乘客登機的條件執行得很嚴苛，一點都沒有彈性空間。」

不過聽完這兩邊的解釋，我對兩邊都感到非常無語，我還能說什麼？兩邊的解釋是有趣的，雖然不一定代表官方邏輯，可是這就是兩個平民給我的解釋邏輯，兩種推卸責任，兩種彼此陰謀化。只是兩岸相鬥，最終受害的人終究是我們自己。

弔詭的陸生標籤

陸生，是台灣因應開放陸生來台就學政策所產生的特別稱呼，它專指稱擁有大陸居民身分的在台就學的學生，它是區隔於僑生和外籍生身分而獨具意涵。

我常常納悶，如果拿國民黨的立場來看，大陸也應該是中華民國的一部分，大陸人應該屬於中華民國的子民，陸生至少也應該算僑生吧；如果拿民進黨的立場看，大陸應該是中國，台灣跟它是兩個獨立自主的國家，那陸生應該是個外籍生的範疇吧。可是，現實的情況卻是誕生了一個新興名詞——陸生。

我是被貼了陸生標籤的人，深深知道在這個奇怪標籤背後的意涵——「三限六不」。三限是指限制採認大陸高校數量、限制陸生來台總量、限制醫事學歷採認；

六不是指不加分優待、不影響國內招生名額、不編列獎學金、不允許在學中工作、不得在台就業、不得報考公職。更狠的一招是，把限制採認醫事學歷和不得報考公職寫入了兩岸人民關係條例。

悲乎哉！我為台灣感到悲哀。一個民族、一個國家最怕失去了什麼？對自己的信心！我知道對於開放陸生來台就學在台灣社會反響不一，不能一概而論，而三限六不的制定更是藍綠相互妥協的結果。但是三限六不很好地反映了一個現實——台灣真的很沒有安全感！台灣真的對自己很沒有信心！

不允許陸生在台就業，不允許陸生在學工作，生怕搶了台灣人自己的飯碗。對於當下台灣高就業壓力的形勢下，可以理解這種害怕感。可是讓人不解的是，不對外籍生做限制！這邏輯似乎有點不通。外籍生就不會威脅到台灣的就業率？暫且認定「萬般皆下品唯有洋貨高」的弔詭邏輯，如果外籍生學成出來的能力高，吸引他們能夠給台灣帶來更多的發展動力，那也無可厚非。可是陸生就不存在如此的人才優勢嗎？

不允許陸生編列獎學金，這一條限制是怕陸生什麼？有一種看法認為陸生不是台灣人，就不該拿台灣政府所給予的獎學金，理由很簡單，「那是納稅人的錢呀！」怎麼能夠用納稅人的錢培養自己的敵人壯大勢力呢？用台灣人納稅的錢堆砌的獎學金可以給外籍生，而且要多多地給予，鼓勵他們來台灣，來打造台灣國際化的想像。可是，外籍生難道不是台灣的敵人嗎？外籍生能夠為台灣人著想替台灣人解決自己的問題嗎？不會！台灣的問題只有靠自己才能解決，而不是美國。

如此想來，限制陸生的就業並非現實的利害關係，背後有著更深層的意涵和考量。對陸生就學的開放，是兩岸蜜月期的一個舉措，為的是更好地利用對方，更好地向對方示好，同時又很害怕對方。大陸害怕台灣強而有力的文化實力，害怕像香港一樣把自己的優秀學子一概吸收進去，害怕自己的高精尖人才的流失，所以大陸留了一手，只向台灣開放沿海六省的招生範圍；台灣也害怕大陸，大陸一直是台灣的假想敵，對陸生的限制不能僅從利的角度去衡量，其中所謂的「義」佔據了很大的成分，這種敵我關係中產生的「義」必然帶來一種畸形的規約。

大陸在文化上很不自信，但是卻不會把台灣作為自己的假想敵。而台灣可悲的地方在於，台灣自身有著強有力的文化實力而不自信，多少年來一直把大陸當成了自己的假想敵，難道就不知道螳螂捕蟬黃雀在後嗎？鷸蚌相爭漁翁得利，台灣最大的敵人或許應該是美國吧！

悲乎哉！我第二言悲，是為自己吶喊。我相信每一個華人都不會不清楚，在那個被殖民統治的年代，看到赫然寫有「禁止狗和中國人入內」的招牌時的內心的感覺。當下的陸生又何嘗不是如此！陸生的標籤是一種赤裸裸的歧視，這種三限六不的歧視政策是全球十分罕見的。這還不可怕，可怕的是三限六不後面所產生的一種潛規則。不要看三限六不很簡單，當它落實到現實層面的時候，卻會發生很多的怪相。

當我通知被台灣大學錄取的時候，學校也寄來了繳費單，一學年的學費需要繳納將近十二萬台幣學費。雖然是公立學校，但是陸生的學費卻不同於本地生，更不同於僑生和外籍生。台灣人在大陸讀書享有與大陸居民同等的待遇，但是陸生卻不能。

當我在台灣大學開始我的學習生活的時候，我發現只要有涉及政府款項的專案都不能參與。台大有許多老師都喜歡申請國科會和政府補助計畫，政府五年五百億投放在台大，使得台大的很多工程和專案都會跟政府款項扯上關係。問題就來了！當你的導師的學生都在圍繞著導師的專案努力攻關的時候，你被晾在了一邊！當所有人都在項目中不斷地學習如何從事研究工作的時候，你只能乖乖地在一邊看書，心中湧上的不僅僅是一種落寞的孤單，更是一種深深的絕望。

不論本地生還是僑生和外籍生，台灣政府和學校都會為他們出國參與學術發表和交流提供一定的補助，這時問題又來了！當你導師帶著自己的學生遠赴他國參與學術交流的時候，你能夠怎麼辦呢？無非只能乖乖地自己掏錢買上萬元的飛機票；這還不夠，當你所在的團隊一起食宿的時候，你需要獨立開來，因為你不在經費補助範圍內，你需要自行解決！

我的很多陸生朋友真的很好學，突破大陸和台灣的很多限制好不容易來到這裡讀書，無論如何也要學有所成才有臉見江東父老。他們寧願不要任何的報酬和補助，苦苦申求自己的導師給予參與專案的協助工作，可是得來的都是拒絕！你參與專案項目，領錢屬違法行為，因為有三限六不在約束你；義務參與不領取薪資，也是一種違法，因為剝削勞工，更可況義工是有明確界定的，不是你說義工就是義工。於是，陸生陷入了進退兩難的境遇。另外一方面來說，雙眼看著自己的學生白白地為一個項目出力卻不能有任何的補償，這並不是任何一個善良的老師能做到的。

台灣限制陸生工作的權利，也限制陸生考公職的資格，說白了就是只讓陸生完成「就學」這個動作，畢業了就要一腳把你踢回去，不歡迎你來！

我常常不禁自問，台灣向大陸開放就讀機會到底是為了什麼？開放小三通，還可以促進經濟的發展；可是開放陸生就學，為了吸納人才嗎？肯定不是，當陸生學完畢業，台灣就恨不得趕你走了，何來吸納人才！為了培養認同台灣的大陸人嗎？肯定也不是，如此歧視的政策下，陸生受盡風涼，哪來感恩和認同之情？思來想去，這裡的情感考量遠遠多於功利的考量。

在陸生政策上，我看學界的頭腦還是比較清楚的。台大社會系教授林國明在《陽光時務雜誌》舉辦的「陸生的第三種台灣想像」座談會上就提到，政府應該考慮以公共資源支持陸生。他一針見血地指出當前陸生政策的弔詭之處，他指出陸生政策以民主邏輯掩護經濟邏輯，同時又以敵我邏輯做很多的限制，已經引起了陸生的很多不滿情緒。

陸生政策不僅僅是為了填補台灣學校少子化帶來的諸多問題，它應該發揮更大的功效。大陸人一直在誤解台灣，匆匆而過的大陸客和短期遊玩的交換學生，並不能給大陸帶來對台灣更多的瞭解和體悟。而這一批陸生，是即將走向大陸經濟政治舞台的青年人，他們雖然在情感上還難以接受台獨，但是通過和台灣社會的深入接觸，在理性上逐漸可以理解台灣的主體性，這股強大的資源當回流到大陸之日，必將會對台灣產生更正面的效益。

廣州是一座不打烊的古城，街道與酒吧間，燈紅酒綠中，見證著青春的流逝與城市的變遷

官場＝酒場

陸生因為證件問題，在來往兩岸時都會遇到阻礙和麻煩，直到現在還沒有完全解決。台灣移民署已經兩次發文告知大陸出入境管理局和航空公司，改變甚微。我想，這其中不僅僅是兩岸溝通的平台存在著很大的問題，而且也跟兩岸的溝通方式有關聯。

台灣開放大陸學生赴台入學，大陸也相應開放給台灣六個省市的生源，但是不允許台灣學校到大陸做任何宣傳工作，那麼台灣學校只能透過大陸的合作或姊妹院校來完成招生資訊的傳達。

去年銘傳大學招收陸生的人數為全台榜首，這跟學校和學生本身的因素有關之外，我也體會到其中微妙的東西。有一次開研討會，巧遇銘傳大學的老師，他就提到在招生過程中銘傳大學跟其他學校不同的一個做法——到大陸去跟相關學校的官員吃飯喝酒。我覺得，銘傳大學的老師真是太懂大陸的溝通方式和酒場文化。不一定需要有金錢往來，一次飯一頓酒，便是好兄弟，凡事皆好說。

我大學畢業找工作的時候，中國建築第五工程局的面試官都不先看你的簡歷，先第一問：「你能喝多少酒？」我大學的好友之前在某地人民代表大會實習，隨從領導經常下鄉鎮考察和慰問，少不了喝酒；我每次到四川開展項目的首件大事就是跟當地政府官員打好交道，最基本的做法是與政府官員吃飯喝酒，有一次我依稀記得是喝掉了七八瓶六十八度的白酒，那些官員後來也很支持和幫忙項目的進行。

在大陸尚未完全法制化的地區，人的因素佔據了很重的分量，找對人用對方式都很重要，只要對了再難的事情都可以解決。

MEMO 4
兩岸互動，相得益彰

台灣與大陸，從一九四九年開始分道揚鑣，一邊一種體制，一邊一條路，一邊一種思想。長期的隔絕與敵視，兩岸都經歷了不同的發展過程，各自形塑出了具有不同主體性的文化和精神。

在紀念辛亥革命一百年之際，兩岸在彼此相異的文化中似乎出現了一些共同的認識，對於民國精神的肯定和傳承，成為了兩岸在新世紀中都為之不斷奮鬥的動力所在。

台灣與大陸之間的反應，或許正是一種鯰魚效應（Catfish Effect）的真實寫照。台灣因為大陸的文化革命更為懂得珍惜中華文化，大陸因為台灣的現代化更加明確感受到開放的力量；台灣因為大陸的八九學運更學會了對知識分子運動的尊重，大陸因為台灣的自由更體會到體制改革的迫切；台灣與大陸將來何去何從，我們都必將拭目以待！

國父精神

「大家好，我叫胡俊鋒，來自廣州中山大學，請多多指教！」
「哦，原來你是來自廣州大學的同學，歡迎歡迎！」
頓時無語〇＿〇……

廣東有很多的台商企業，富士康就是在廣東深圳發展起來的，前年在短短數月內連續發生多起員工跳樓事件，最近台灣媒體也連續播報廣東的烏坎村事件。即使如此，很多的台灣人並不太清楚廣東的概念。常常在交新朋友的時候，我總是要不斷地重複那段讓我語無倫次的話：

「你好，我叫胡俊鋒，來自中國大陸廣東，畢業於廣州中山大學。」
「那麼你是廣東人還是廣州人？」
「抱歉，廣東和廣州不是獨立的兩個地方喲，一個是省，一個是市，廣州是廣東的省會，廣州市就好比是台北市，而廣東省就好比是台灣省，僅僅是中國的一個省分……

（突然發覺自己的表達有歧義）錯了，對不起，我不是故意的，這個比喻似乎很不恰當……

頓時惹來一片歡笑。

這個時候，我總是很感恩我的那些台灣朋友用笑聲來表達對我的諒解，在台灣的生活讓我更深刻地理解和尊重台灣的主體性之所在，只是常常在不經意間扭轉不了用語邏輯。

廣東對於台灣人並沒有上海和北京那麼具有陌生的熟悉感（一種通過自我的想像和聽聞所形成的非真切的熟悉感覺），更不用提到中山大學了。台灣也有個中山大學，兩間中山大學的英文名都為「National Sun Yat-Sen University」，其中必有相同的淵源，它們的歷史都是從孫中山先生創建的廣東大學開始追溯。然而，從校徽到校訓，這兩間學校卻具有非常大的差異。

來到台灣，我沒有選擇從大陸的中山大學到台灣的中山大學，而是走進了被台灣人視為最優秀的台灣大學。一直在尋找冥冥中潛存在生命裡的連接點，直到在開學典禮的會議廳裡，當我抬頭看到孫中山先生的畫像的時候，才發現了這個節點的存在。

大陸與台灣，四十多年來不斷地污名化彼此；共產黨與國民黨，更是長達近百年努力抹黑對方的歷史。但是在其中只有一個人是兩岸和兩黨都接受且具有同一榮譽稱呼，他就是被兩岸和兩黨共同認可的國父孫中山先生。

繼承著國父遺願的台灣大學，不論它曾經經歷過什麼，不論它曾經屬於何處，不論它曾經定位在哪裡，而今的台灣大學，我看到在每一幅國父頭像下都懸掛了他生前的遺囑：

余致力國民革命，凡四十年，其目的在求中國之自由平等。積四十年之經驗，深知欲達到此目的，必須喚起民眾及聯合世界上以平等待我之民族，共同奮鬥。現在革命尚未成功，凡我同志，務須依照余所著：建國方略、建國大綱、三民主義、及第一次全國代表大會宣言，繼續努力，以求貫徹。最近主張開國民會議及廢除不平等條約，尤須於最短期間，促其實現。是所至囑！

孫文

中華民國十四年二月二十四日

多少年來，台灣大學都在不斷地為台灣社會培養最為頂尖的人才，進入台灣大學的學生都被視為天之驕子，都被看成是明日之星。這裡雖然曾經遭受了「白色恐怖」的迫害，這裡雖然曾經發生過「哲學系事件」，但是而今的台大正在維持著自由的學術之

廣州中山大學校訓：「博學、審問、慎思、明辨、篤行」

風。台大的學生也傳承著國父遺囑的精神，把天下之大任視為己任，敢為人先。常常聽一些台灣朋友說：「俊鋒，你絕不能認為台灣人都跟台大學生一樣喲，台大學生都很怪咖的。」後來慢慢變得理解，台大學生真真切切與很多的台灣人很不一樣，或許是因為他們對自己的定位也不一樣。這正如我的母校中山大學在大陸的特立獨行一般。

廣州的中山大學是孫中山一手建立起來的，雖然其中經歷過數次的分分合合，但是八十多年來依舊傳承著中山先生的精神。相信對有大陸高校交換學習經驗或大陸遊學經驗的台灣人來講，都會發現不論在大陸的哪間高校，都會看到毛澤東、周恩來或者鄧小平等人的畫像和紀念雕像。然而，尋遍中山大學的四個校區，你都不會在任何公共空間中看到一尊跟中共領導人有關的雕像或畫像。

在歷史系館的永芳堂前，站立著十八尊先賢銅像，他們依次是孫中山、蔡元培、章炳、梁啟超、康有為、鄧世昌、黃遵憲、魏源、林則徐、詹天佑、秋瑾、譚嗣同、嚴復、馮子材、容閎、洪秀全，沒有一尊是中共領導人。

由於上世紀九十年代大陸教育部鼓勵高校在各地分設校區，因此中山大學從那個時候開始在廣州和珠海兩地分立了四個校區，每個校區都共同樹立了一尊按孫中山先生一比一的比例雕塑出來的銅像，高高地擺放在每個校區最為中心的地方。無論在何

廣州中山大學即是國父親手創辦的「國立廣東大學」發展而來的，為南中國第一學府，以自由之學風著稱。校園內不見中共領導人雕像，只有面朝北方的國父孫中山先生的銅像

地，這尊銅像的朝向都是同一的——北面，因為中山先生當年最大的期望便是通過北伐一統中國。

中山先生在創校之始寄予殷切期望，在一九二四年他從儒家經典中提取出「博學、審問、慎思、明辨、篤行」十字作為校訓，而非台灣中山大學的「止於至善」。在中山大學走過四年的學生生涯，我後來才懂得為什麼中山大學會一直要堅持和繼承民國之風。因為在所有的中大人心中不僅銘記十字校訓，中山先生喊出的「不可做大官，要做大事」的口號和精神深深地影響著每一代的中大人，求真務實是中大人獨有的校風。

在中山大學，你會發現很多敏感的自由民主人士，例如通過影像記錄為汶川地震的災民吶喊的艾曉明、不斷推動社會民主的鼓吹手袁偉時、積極推動公民社會建設的朱健剛……他們都在中山大學，這裡不僅距離北京遠，距離香港近，正所謂天高皇帝遠，更有對民主自由之校風的保護。黃達人校長曾經為了保護學術的自由扛下了無數的壓力和挑戰。因為在這裡，還有一個人的精神靜悄悄地留存著，他喊出的「獨立之精神、自由之思想」，深深地印刻在每個中大人的血液中，他便是陳寅恪，他的故居依舊保留在中山大學的校園裡。

在廣東除了中山大學，黃埔軍校和七十二烈士的黃花崗墓依然是所有民眾所敬仰的神聖之域。去年清明節，當我與幾位友人到黃花崗墓祭拜的時候，讓我感到詫異的是，不僅僅是我們一行大學生前來祭拜，無數地民眾也都捧著花束抱著花圈前來瞻仰，人潮湧動！其中更看到佩戴三星軍銜的軍官一車車地前來，在七十二烈士墓前有序地列隊祭拜。要知道，在黃花崗墓的公路對面，是紀念中共革命烈士的烈士陵園，而那裡只有零星地一些群眾漫步其中。

廣東似乎從沒有喊出特別響亮的民主自由口號吸引世界的眼球，卻在骨子裡依然傳承著國父求真務實的作風。廣東政府一直都在觀望台灣，向台灣學習，努力探索一條中央政府能夠接受的民主之路；廣東的民眾一直都在學習香港，向香港人學習如何捍衛自己的權益，不斷地推動政府的民主進程，甚至常常向政府施壓，從焚化爐事件到烏坎村事件，從修訂民間組織條例到慈善立法，從中大學生會民主選舉到大學生參選人大代表……等，廣東民眾與政府經過數十年的磨合，雖然有血有淚，但是我們卻發現它已經努力走在奔向民主與自由的路上。

中共心海底針

偶爾會聽到一些台灣朋友說：「中國應該多學學台灣，要變得民主自由起來，繼續專制必將完蛋！」我心裡納悶，一來大陸要是整照搬台灣這套民主自由體制，大陸才真的完蛋呢！民主自由是大勢所趨，大陸近十年來也開始啟動政治改革，這一點中共還是看得很清楚的；二來台灣跟大陸比起來，簡直小巫見大巫，台灣的民主制度在這裡都已經鬧得不可開交，移植大陸那就只能四分五裂了。我並非要為中共的統治辯護，但是考量到大陸的面積、人口和族群的因素，中共能夠維持政局已經是一件不簡單的事情，大陸人從來不敢小覷中共強大的實力。

遇到一些台灣朋友，我會分享自己對文化大革命的看法，那些朋友都會低聲問我：「你這話回去能說嗎？大陸人也能這麼談論文革嗎？」我的天呀，這都是什麼時候的事情了？文革檔案從一九九六年開始就相繼對公眾開放，談論文革已經成為了百姓生活中茶餘飯後的話題，中共從一九七八年就公開承認對於文革路線的錯誤，所有的教科書上也都坦誠文革是一場史無前例的大災難。

可是，並非所有事情都能一概而論。香港《明報》和英國《金融時報》都相繼報導北京進入一級警備和周永康失勢事件，我在台灣獲知此消息完全來自於中國國內新浪微博的即時資訊更新。三月三十一日的《資訊時報》頭版用黑體特大號字赫然寫著「六人編造謠言被拘留，梅州視窗等網站被關，新浪騰訊微博被懲處：十六網站傳謠『軍車進京、北京出事』」。緊接著，新浪和騰訊微博連續四天關閉評論功能，新浪官方公告：「最近，微博客評論跟帖中出現較多謠言等違法有害資訊。為進行集中清理，從三月三十一日上午八時至四月三日上午八時，暫停微博客評論功能。清理後，我們將再開放評論功能。進行必要的資訊清理，是為了有利於為大家提供更好的交流環境，希望廣大用戶理解和諒解。感謝大家的支持。」我一國外友人看到《華爾街日報》報導，留言給我：「見過蠢的，沒見過有關部門這麼蠢的。」我笑了，司馬昭之心路人皆知，此舉可謂與「此地無銀三百兩」有異曲同工之妙。更有趣的是，關閉評論功能當日，煙台市公安局馬上公佈破解技巧，被無數網民轉載。大陸之事無奇不有。

台灣意識

「小時候學校佈置的作業會要我們給大陸的朋友寫信，我們總會寫上這麼一句話：『對面的朋友，你好！請問你們有饅頭吃嗎？』」

自民國三十九年始，一邊一黨的格局形成，大陸和台灣開始了隔絕與對峙。大陸這邊是共產黨的天下，一黨專政多黨協商，從土地改革到社會主義改造，紅了整一個大陸地區；台灣也好不到哪裡去，國民黨一黨獨大，依附於美國，在美中的夾縫中苟且偷生，亦是不易。

無論如何，當時兩岸卻有著同一個心，那就是「一個中國」。教育要從娃娃抓起，共產黨把收復台灣的思想放入了教科書，從小教導他們的子民台灣是中國神聖不可分割的一部分，而中華人民共和國才是中國真正的代言人，台灣之所以分裂只因為存在美帝國主義這只紙老虎的蠻橫干涉和蔣匪的當權。久而久之，我們幼小的心靈便被印刻上了「國民黨＝壞人」、

「蔣介石＝壞人」的印跡。

當你一踏上這塊曾經號稱地大物博的中國大陸地區，你會發現在這個天朝的子民都好似中了一種毒，你不能挑戰他們的底線，也就是跟說：「台灣不是中國的一部分，最起碼不是中華人民共和國的一部分。」或者跟他們理論這個問題。這個天朝的子民在這個問題上從不會用所謂的理性去跟你爭辯，他們會動用他們最為常用的且最為激情澎湃的愛國之情感跟你爭吵，乃至痛揍你一頓。

我參加中華民國一百年慶之後，在新浪微博上發送了一條狀態「馬英九總統發表了演說……」，不出幾分鐘，我看到我的狀態被轉發且被朋友們批責「怎麼可以說馬英九總統呢？他頂多是一個中國的省長！」

一個台灣朋友很體諒我，「中國真的很大，大國的人總會有那麼不拘小節的。」這個我不否認，正所謂「林子大了什麼鳥都有」，大陸那麼大，人那麼多，自然是參差不齊。可是細想之，非也。看以前的教科書，從〈日月潭〉到余光中的〈鄉愁〉，有一種深深的刻板文化情感植入了我們的思想中，我們從此不曾真切地結合時境去理解一個台灣人的生活和世界，我們從此不曾用自己的理性去反思這些年來台灣所發生的變遷，我們從此不曾用同理之心去體會台灣人的苦與痛，我們的所作所為都為了「中國大一統」，可是誰之中國？中國為誰？從小的教育讓我們不經思索便可以脫口而出，當下的國際時局也可以明確地告訴我們，此中國便是中華人民共和國而非其他。然而，當下的我們恰恰成為了政治的奴隸與附庸。

這些年來，台灣地區確實發生了非常大的變化，短短的六十年時間，台灣人所經歷的苦痛並非會比大陸人來得少。

小時侯
鄉愁是一枚小小的郵票
我在這頭
母親在那頭
長大後
鄉愁是一張窄窄的船票
我在這頭
新娘在那頭
後來啊
鄉愁是一方矮矮的墳墓

我在外頭
母親呵在裡頭
而現在
鄉愁是一灣淺淺的海峽
我在這頭
大陸在那頭

余光中先生的〈鄉愁〉很美，那是他們那代人最為真切的情感表達！當台灣還是那個蔣家天下的時候，「反攻大陸」是其大業。在中正紀念堂的入門處，是龐大的兩幅油畫，訴說著中正先生在金門遙望大陸思索著反攻事宜的故事。那代人從大陸逃亡到台灣，不論是懼怕中共政權的大官貴族，還是趨勢而來的流民百姓，他們都以為自己有生之年可以回去，面對彼岸的家眷親屬，那麼一盼，那麼一等，就是一輩子之後的事情。

蔣經國先生是一個傳奇性的人物，如果要拿大陸的領導人相比，我想只有鄧小平先生才能堪比。在他的時代，子承父業，子續父志，開始了帶著台灣走向現代化與民主之路，所有的這一切努力都是為了台灣的發展，而台灣的發展是為了收復大陸。只有發展起來才能在國際舞台上站穩腳跟取得說話權，不論是大陸還是台灣，都把自己當成了中華民族的代表，現代化都是中華民族復興的重要一步，也成為收復彼岸的重要一步。

在廣州的大街小巷和碼頭邊，仍舊可以看到民國時期留下來的各種紀念碑文和政治口號

在大陸說話要小心

台灣人常常看大陸是沒有言論自由的，老實講這些年來言論的開放程度也在逐步加大，縱使大陸政府制定出了敏感詞彙的審查機制，但是偉大的網民們一樣找到了可以調戲政府的網路用語。言論雖然受到限制，可是這一點都沒有阻礙我們表達自我意見的衝動。政府的強制性言論措施，我向來不是特別在意，因為我知道縱使萬般堅固的防火牆也有可以破解之處，隨著時勢和時局的發展，言論不可能永遠停留在受壓迫的狀態，必將帶來開放之局，進而推動完成大陸社會的轉型。

我關注的是無形中的一種言論限制，這不是當局政府強迫與民眾的，而是已經深深融入與民眾的生活中，由民眾所產生出的集體力量，民族意識就是這麼一股可怕的力量之一。

今年三月份，蔡康永在南京發送了一條新浪微博狀態：「我對於『外表長成一大塊』的中國菜很有好感，繼上次在廣州被長得像一大塊皺毛巾的粉皮『陳村粉』感動到之後，這次在南京又被長得像大盾牌的『黑椒汁淋鍋巴』感動到！一整塊臉盆大的鍋巴直接上桌，好氣派！看著好餓啊~」

這條微博狀態很正常吧，但惹來了網友們的討伐聲，兩天之後蔡康永只好把這條罵名一片的狀態刪去。炮轟蔡康永的主流觀點是，「南京菜就是南京菜，廣東菜就是廣東菜，你為什麼要來個『中國菜』？這個詞我們也不會在國內用，只有到國外了才會叫『中國菜』，你蔡康永即使要用『中國菜』這名，就應該說是『祖國菜』，『中國菜』太有損於一個中國的原則了。」

名人不好當，用詞更小心。後來蔡康永的這條狀態不見了，可能是他自己刪去的，相信這種滋味跟接受政府敏感字審查限制一樣來得不好受。可是，這次卻是來自民眾的一股集體力量。絲絲感來，種種來自民眾的集體無意識的力量遠遠比政府強制力恐怖。不過這就是現實，畢竟兩地相隔已久，從政府到民眾都彼此封閉，此間的差異一直沒有得到很好的理解和溝通。

台灣：自由≠民主

「來到台灣的感覺如何？是不是很自由很民主？」
「嗯，不錯，很自由，不過特別民主倒不覺得。」

經常和剛認識的台灣朋友寒暄，都會被問到這樣的問題。在聽馬英九和宋楚瑜的競選演說中談論大陸問題的時候，也常常聽到「民主」和「自由」這兩個詞，「民主」和「自由」似乎成為了兩岸最大差異的地方，也是台灣人最可憐大陸人的地方。

論自由，來到台灣後確實發現身邊的束縛少了很多。最明顯的例子是我再也不用使用代理伺服器的設置來瀏覽facebook等國外網站。這邊的宗教發展也在自由的氛圍下形成了多元化的格局，基督教信仰就有不同的團體和教堂，而且一部分的納稅款也可以通過捐贈包括宗教團體在內的慈善組織來抵扣。在大陸則非常不同，大陸以前專門製造了「邪教」這個詞語來區隔合法與非法的宗教信仰，當然現在已經停止使用「邪教」這個稱呼，而改用國際通用的「異端」。

我在廣東讀書的時候，有參加基督教會的一些活動。你會發現，基督教雖然是大陸政府所公允存在的一種宗教信仰，但卻是非常單一化的。你跑遍所有的教堂，在它們的門口都會掛上這麼一個牌子「三自愛國基督教會」，意指這些都是被中國共產黨和中華人民共和國政府認可的，不受境外教會勢力管理和干預的「自治、自養、自傳」的中國基督教新教和中國天主教教會。

「三自愛國基督教會」產生的源頭需要追溯到中華人民共和國建國之初，在一九五〇年的時候，一些基督教新教教會的領袖與周恩來商談並發表了「三自宣言」，稱「中國基督教教會及團體徹底擁護共同綱領，在政府的領導下，反對帝國主義、封建主義及官僚資本主義……中國基督教會過去宣導的自治、自養和自傳運動已有相當成就，今後應在最短期內完成此項任務」。當然其中有很多教會領袖堅決反對教會「替一個國家、替一個政權服務奔走和與羅馬教宗脫離關係」，但是這些聲音都被鎮壓，反對三自教會的宗教領袖陸續被捕入獄，剩下的一部分信徒則加入三自愛國教會，一部分則轉入地下活動。現在的中國大陸，能夠在公共空間建立教堂並且公開廣羅信徒的只有三自愛國教會。

我在廣州週末常常會去參加各種的「家庭教會」，它並非是合法教會，對它的管制和監控根據每個地方的政策不同而會遭到不同程度的對待，廣州政府對於這種未經登記的教會組織保持著開放的態度，給予了一個比較自由的發展空間。

在這裡我要強調的是，我並非有意抹黑三自愛國教會，雖然它的發展過程具有政治的強制性，但是自八十年代以來，越來越多的先進宗教人士在三自愛國的框架下活動，使得而今的基督教會充分享有自主和自由的權利，也獲得了外國很多宗教領袖的認可。

在大陸，宗教信仰是不被鼓勵的，但是也不禁止人們選擇宗教信仰的自由。政府是被規定不能有任何支持宗教的行為和舉措，因此大陸的宗教團體都只能自力更生，也因此保有了自己的獨立性，在這種嚴重的政教分離的環境下長成的宗教團體，往往不問政事，政治與宗教彼此不相往來。

所以我很佩服那些在大陸成長並壯大起來的宗教團體，大陸政府並沒有任何的支持措施，也沒有規定你的稅款可以通過捐贈給他們獲得抵扣，甚至你捐款給宗教團體或者慈善組織還需要對你的款項徵收稅款，宗教團體購買土地使用權和繳納水電等日常費用時也不會享有特別的優待，有時候還會徵收比普通民眾更高的費用，因此當我在大陸看到雄偉而莊嚴的寺廟，當我在大陸看到高聳在城市一角的教堂，我心中由衷地敬畏，因為這些都是信眾們通過一點一滴無私的奉獻所搭建起來的。

從這個層面來談，我非常羨慕台灣的自由，僅僅挑選去哪個教堂和佛教道場就已經讓我眼花繚亂。但是論及民主，我卻需要謹慎地看待台灣所發展出來的民主形態，並不敢給它枉然下論斷，畢竟它才剛剛走過二十幾個年頭。不過，台灣的民主發展對於大陸相當的重要，大陸在看台灣的不僅僅是看台灣什麼時候能夠收歸所有，更在看台灣的民主路是怎麼走的。民主是大陸發展的必然趨勢，民眾和政府都有民主化的想望和期待，而作為踐行民主的台灣則成為了大陸觀望的對象。

我有一次到廣州拜訪在當地非常有名望的公共知識分子，他一直在努力推動政府民主改革進程和民眾的公民意識，他當時看到馬英九先生連任非常開心，他的觀點讓我看到了大陸的另一種視角。他提到，「台灣的民主制度的發展一直都是我們這些人推動政府民主化的動力所在，我們也在努力向台灣取經和學習，不論藍綠誰主政都不是重點，但是陳水扁的腐敗案真的對我們的打擊是很大的，跟政府官員協商的時候，他們也常常會說『你看吧，台灣實現民主了也這樣，還不是貪污腐敗』。馬英九雖然太軟太柔，但是他最讓我們看到希望的地方是他的清正廉潔，他的連任確實給了我們很大的信心和動力，告訴我們台灣的民主雖然經受挫折，但是可以慢慢好起來。」

台灣的民主程序跟美國特別相似，至於如何評斷這種全民選舉式的民主，我覺得香港中文大學的王紹光的《民主四講》論述得非常清楚。但是大陸能不能實行這樣的民主

民間人士送一筐鴨梨（寓意：壓力）給廣州市政府

呢？我覺得黃光國教授是看得比較清楚的，怎樣實行還不好說，但是絕對不能照搬，照搬只會讓這個十三億人口的國家更亂更四分五裂。大陸現在的體制不民主嗎？台灣和西方的媒體總是在責罵大陸政府無人權意識和保護，民眾在資訊化時代越來越跟隨媒體的聲音走，而缺乏自我的審慎思考分析，便形成了大陸專制的壞印象。

黃光國在評論廣東的烏坎村事件的時候，他特別指出，烏坎村事件到最後發展到村民自由且民主選舉產生村領導，整個選舉程式並沒有任何的創新和發展，而是讓原有的體制和程序真正「付諸於實踐」。這是問題的關鍵所在，這是任何一個不瞭解大陸體制的人所不能明見的地方，這也是很多大陸學者所忽略掉的地方。

大陸的制度不能一板子拍死，說它不民主。大陸的人口很多，素質也是參差不齊，如果全民投票選舉，那是很難想像的一種亂象。所以大陸政府很實際，根據自己的情況推行人民代表大會制度，基層由全民投票選舉產生，然後再分級選舉產生每個層級的代表。但是多少年來，這套制度只是乖乖地停留在憲法和法律上，現實的情況卻是等額的選舉，有多少位置空缺，政府或黨機關就提出多少位的候選人，台灣的問題是在兩個差強人意的總統候選人中考慮選那個「不那麼差」的候選人，而大陸的問題是考慮如何安排這些候選人所佔有的不同職位。

台灣的政治體制是選舉出一名總統，然後行政事務則由他和他所組成的內閣進行實施。所以我與很多台灣朋友聊天的時候發現，很多對大陸不甚瞭解的台灣人也會用同樣的邏輯看待大陸的主席，以為大陸的主席僅僅一個人便能夠握有黨政軍三權，可謂是作威作福全憑個人喜好，以為大陸是典型的個人專制。可是，大陸並非如此，主席只是一個名號，在法理上講它還包括另外的中央常委，是九個人的團體決策，算是一種寡頭政治。但是專制政治體制、寡頭政治體制就不民主嗎？似乎並沒有必然的關係。

雷闖為廣州衛生局送出「不給力」
錦旗，表達對政府工作的不滿

民間自覺徵集光頭照，通過行為藝術反
對廣州市政府計劃投入一億五千萬人民
幣打造光亮城市的工程計劃

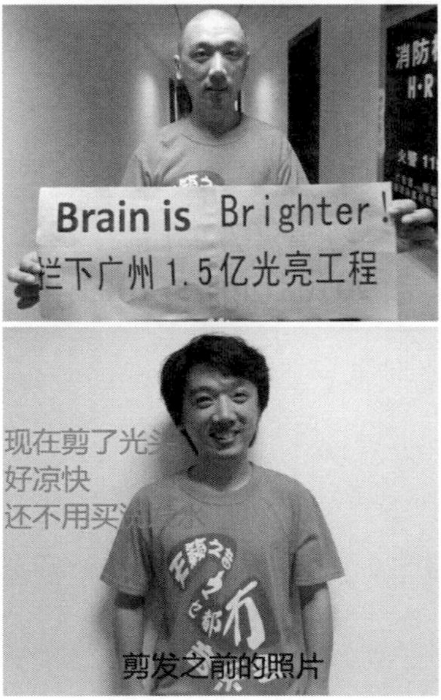

執政為公還是執政為錢

一粒老鼠屎壞了一鍋粥，這是陳水扁執政最為恰當的概括。阿扁執政，本無太大過失，甚至在九二一地震中還撈取了極大的民意支持，只可惜最後敗在了一個「錢」上。

不論是台灣還是大陸，都講求公務員是人民的公僕，國父早就有題書「天下為公」勉勵世人。但是當手握國家權力的時候，是執政為公還是執政為錢，都是考量一個官員的基本出發點。官，俗稱為百姓的父母官，魯迅更是吶喊出了「俯首甘為孺子牛」人民公僕之象。可是，現實層面我們卻發現，官非為民而為錢。

在二〇〇八年大陸四川地區發生汶川大地震之後，大陸政府舉全國之力幫助災區重建家園，全國人民也似乎扭成了一團，有錢出錢，有力出力，整個社會的資源都傾斜到了災區的重建工作之中。

當時我在四川的一個鄉鎮，停留了三年，開展災後重建項目的評估工作。重建過程中，很重要的是讓百姓安居，因此與建屋舍。可是你會發現一個很奇怪的現象，該鎮的鎮長在每個社區都有一到三套房子，百姓們都要抽籤爭取每戶僅有的一套房子，可是每個社區房屋建設的工程隊都會乖乖地獻上幾套房子給鎮長。有一次跟鎮長吃飯，聽他傾訴完他上有病床上的老母親要照顧下有乳臭未乾的小兒要看管的家庭壓力之後，他吐出一句：「做官為何？無非就是賺個辛苦錢，養家糊口。」

我頓時大悟，原來如此！官是拿來賺錢的一個職業工具！如此官場邏輯，難怪乎會出現一系列貪污腐敗的現象出來，但是你說這些官員容易嗎？也不容易，要不是為了家人誰會這樣鋌而走險。我常常能夠看到在很多肥得流油的官員嘴上掛著這麼句話：「現在養個家糊個口，不是一件簡單的事情呀！」我想說，當個好官，也不是參加個公務員考試那麼簡單的事情，做人民公僕本是就是件累活，它根本就不能賺錢嘛，你要它賺錢，本質就變了。

台灣給大陸出的難題

「俊鋒，大陸到底是怎麼樣的？會不會很糟？」

因為很偶然的機會認識了幾位要麼因為工作要麼因為交換學習將要到大陸去的台灣朋友，他們也一而再再而三地問我同一個問題，「大陸到底是怎麼樣的？」

很多時候面對這個問題，思緒很多，卻無從說起。大陸很大，人很多很雜，物很博很奇，很難有一兩句話概述之。

在台灣，從南到北，七八小時的車程便可橫縱；可是在我家的廣東，卻需要兩倍於以上的時間才能完成南北橫跨，更何況其他更大的省分。很好奇的是，來台灣之前我完全沒有這個概念，我一直以為台灣跟重慶一樣大，因為在中華人民共和國的地圖上，台灣的橫跨緯度距離可以與重慶相當。當我的導師告訴我，台灣還沒有重慶那麼大的時候，我著實吃了一驚。或許是大陸政府太念念不忘台灣這個寶島，就把它畫得如此之大，讓我們每一個大陸人都深深地知道在公雞的前胸處還有一座美麗的島嶼——台灣。

「大陸人會不會很粗魯，很沒有禮貌？」常常被問到這樣的問題，剛開始很好奇為什麼台灣的朋友會這麼想大陸人，後來慢慢才變得更加的理解。我有一次到桃園搭乘航班回大陸，其中一起候機的是一批來自東北的大陸遊客們，從其衣著和所採購的商品來看，都是一群經濟地位不錯的東北人。有一些急欲登機的旅客在檢票前就開始自覺有序地排隊，那群東北大陸客有說有笑地坐在那裡，直到檢票開始才匆忙的一圈人插到了隊伍的最前面。後面的旅客自然很生氣，操了一口香港話破口大罵，東北大陸客聽不懂，也懶得理會，自顧自地登機了。這是我親歷的一件事情，當然諸如此類的事情不僅這件，還有很多，據說大陸客在參觀日月潭的時候為了爭得一塊石頭的照相位而大打出手。難怪乎，台灣人能對大陸人有什麼好印象？

大陸的人很多，千奇百怪的人很多，你會看到很有禮貌的大陸人，也會看到很粗魯的大陸人，地方大，差異大，全憑你命裡要你遇見什麼樣的人，你便會有著對大陸如何的初印象。

就拿大陸城市來說，大陸的城市發展晚於台灣十年左右的時間，可是大陸城市發展的速度確實讓世界矚目，這其中也存在著很多的問題。農民不斷地開始放棄在農村的生計奔向繁華的城市，因此大陸有了新一代的移民──農民工，他們是城市生活中深處最為底層的人群，沒有教育的保障，沒有勞動的保障，沒有住房的保障，他們生活在城市生活水準的最低線，他們為了每天的存活而勞動，他們哪有閒暇來顧忌所謂的禮儀。時間和工作資源是有限，農民工卻很多，每一個農民工都需要依靠自己的力量去爭搶。

當然，在城市的上層社會也難見其好。有個朋友問：「大陸的特產是什麼？爆發戶嗎？」我頓時笑了，難道不是嗎？在改革開放的浪潮中，有多少曾經的農民抓住機遇孤注一擲翻身成為了今日的大老闆，在那個文革剛過去不久的年代，誰都一樣不曾接受過高等教育，全憑一股勇氣與時機，所以在那個年代大陸流行這麼一首歌曲〈七分靠打拚，三分天註定〉。面對這些鹹魚翻身的老闆們，你又能要求他們怎樣的素養呢？

一個城市一個地方的文明程度和素養水準，需要依託它的教育和文化，這方面是大陸還遠遠不及台灣的，大陸很不容易才實現了溫飽目標，這些年來好不容易才實現了全國的九年免費教育，大陸文化和教育要從文革的破壞中重新迎頭趕上還需時日，請給大陸一些時間，相信它會好起來的。

我的那幾個朋友總是特別地問我：「在大陸，什麼樣的言論和行為是不被允許的？政治氛圍會不會很壓抑？」

不論台灣與大陸，在過去的一些歲月裡，都曾經經歷過威權統治的時代，只是到了上個世紀的八十年代，蔣經國先生卸下了台灣威權統治的最後一道枷鎖，而鄧小平先生則鞏固和發展了大陸集權統治的模式。追求民主與自由的台灣人面對大陸不同的政治體制和意識形態，雖同是華夏兒女，卻有著異樣的心境。

台灣雖然沒有遭受大陸的文化大革命的慘痛，卻也經受過白色恐怖的侵襲。白色恐怖時代給每個台灣人都深深地烙上了懼怕威權的烙印，對威權統治有著極其敏感的恐懼。之後經國先生的解禁和現代化措施，把台灣不斷引向自由民主的發展道路。這時的大陸接連發生的八七學運和八九學運，台灣人似乎又看到了彼岸的威權鎮壓。同情亦或是懼怕？我想兩者皆有。

在李登輝和陳水扁時代，去中國化的教育和社會主義汙名化的政策推動下，社會主義似乎成為了威權體制延續的代名詞。在台灣人心目中，大陸的意識形態便是專制，一黨的專制，共黨的專制。大陸的體制一如蔣介石時代的台灣，沒有言論自由，沒有選舉自由，沒有多黨自由等等。八九學運的武力鎮壓，乃至最近的劉曉波等一批所謂民主左派人士被監禁，更加劇了台灣人對於彼岸政治的恐懼。

我去台灣移民署辦理簽證，工作人員與我寒暄便問道：「在台灣生活感覺如何？是不是比大陸更自由更民主？」我去拜訪在台的川大校友會的時候，老先生與我閒聊便問道：「有沒有感受台灣大選的氛圍？是不是很自由很民主？」我在法鼓山與隨行的居士聊天的時候，她便說：「大陸是不是有很多限制？言論不自由，信仰不自由，還不能上facebook！台灣是不是更多自由和民主？」

很妙的是，自由與民主成為了很多台灣人非常珍惜的生活元素，也成為了他們與大陸比較的重要指標，他們批判大陸的種種專制與限制，在他們看來大陸也應該如台灣一般實現民主與自由的理想，可是他們也提不出自己的一個解決構想。我常常問他們：「那麼你覺得大陸應該怎樣才能更民主和自由？」我常常得到的一個回答是：「大陸不能照搬台灣的自由和民主，否則大陸那麼大人那麼多，必將走向四分五裂。」我們的談話往往就這樣又回到了原點。

正如宋楚瑜先生在競選遊說過程中所提到的，雖然台灣的自由與民主不能直接被大陸所搬用，但是作為華人社會中成功推行自由與民主的榜樣，台灣確實給了大陸很多的經驗和學習的地方。民國九十八年，在國父孫中山先生一手創辦的廣州中山大學開始實行學生會主席民主選舉的試點；民國一百年，在廣州完全開放政府財政細目供市民監督，同年通過修改相關法規鼓勵社會團體和非政府組織的發展，試圖打造「小政府、大社會」的新格局。

大陸政府喜歡搞試點，不論從八十年代的經濟改革開放，還是當下的政治體制改革，試點必是前奏曲，試點成功了才會在全國範圍推行。廣東政府的革新，中央政府的默許，這一切都在說明，大陸正在不斷學習台灣，向著自由與民主的目標進發。

理性與情感的較量

最近哈佛大學教授邁可・桑德爾（Michael Sandel）的《正義：一場思辨之旅》（JUSTICE: What's the Right Thing to Do）在網路上非常火熱。西方人在討論社會議題的時候，非常強調正義與公平的問題，從古希臘柏拉圖到現代的正義論大師羅爾斯無不如此。我來到台灣，常常也會參加討論台灣本土社會議題的會議，特別強調「公」與「義」二字。

偶爾會聽到台灣朋友間談論馬英九與陳水扁的政績比較，他們最愛拿馬英九在處理八八風災的做法與陳水扁處理九二一地震的做法相比較。有趣的是，這兩件事放在一起比較，陳水扁的整體形象來得比馬英九好，「有魄力」、「行動快」、「想民之所想」等等正向詞彙全部落在了陳水扁身上。很妙的是，這些詞彙在大陸一樣被人們用來形容第一時間趕赴汶川地震現場的溫家寶。在非常惡劣甚至極不適合跳傘的情況下，溫家寶對空軍傘跳部隊軍官的一句話震服了所有人，「我就一句話，是人民在養你們，你們自己看著辦！」無論他曾經是多麼地痛恨和討厭政府，在那一刻我相信我們都被感動到了。當地震發生之後，溫家寶取消了所有行程，第一時間站在地震災區拿著擴音器鼓勵災區所有的民眾，確實為他也為中央政府贏取了百分百的民意！

可是相形之下，馬英九在八八風災中並沒有討得多少民眾的歡心。馬英九政府很講究程序，即使是八八風災這樣的緊急大災難，他的團隊一樣很尊重程序的重要性，透過緊急程序以最快的速度來處理這件事情。這是我最欣賞的地方。可是在我們的常識中，似乎大災難的發生就可以突破重重的程序而無視程序的存在，陳水扁和溫家寶自然在「義」上取得了極高的聲譽，甚至毫不誇張地說，他們在大災難面前扮演者「英雄」或「救世主」的形象。可是其中危險之處在於，「義」背後的「理」不見了。

兩種方式並沒有好壞之分，我想在這裡強調的是，在處理公共事務的時候，或許我們不應該忽略了「程序」的存在，情感性的行動在大危機大災難面前固然重要，但是終究不是可持續之策，但是現有的程序無法很好的因應突發事件，也說明它本身不是個好的「程序」。

MEMO 5 立足本土，暢遊學術

陸生政策那麼苛刻那麼具有歧視性，大陸學生怎麼會選擇來台灣讀書呢？

剛開始我很贊同以上的說法。可是在台灣待久了之後，頻繁穿梭在台灣各個校園和中央研究院之中，在台灣向各界學者前輩請教求學之間，我改變了，我懂得了我在這裡的意義所在了，我明白了我在這裡的價值所在了。

兩岸的學術界「去中國化」已經很久，兩岸的學術界成為「洋買辦」已經很久，作為學生的自己也在「洋」流中迷失了自己，迷糊了方向。

直到我遇到了台灣的「本土化」運動，讓我重新獲得了新生，感受到一種全新的力量，獲得了回歸本真的視角。

「本土化」運動雖然還在起步發展階段，但是我有信心相信它將是未來的主流。

文人自古相輕

「你們這邊有多少位教授？我們這邊已經有七位教授了！」
「我們這邊的教授比較多，有二十幾位了。」

這段對話是我在大陸參加「海與中國及周邊社會」研究生暑期高級研討班的時候聽來的，發問者是一位台灣的學者，接話的人是主辦活動系所的主任，我站在一旁偷偷地笑了。

其實我很能理解當那位台灣學者說出教授數量的時候，心中的那份自豪和信心，這個研討班所邀請來的主要是人類學領域的學者，這門本來就非顯學的學科系裡能夠佔有七位教授亦是非常不錯的了，隨便在網路上搜尋各所大學人類學系師資名列，你很難找到數量跟它相當的科系。然而，他關鍵在於比較錯了對象，拿大陸的學校來做比較。一來大陸人多，即使是比台灣更小的比例，但是分母大了，分子一樣是台灣所無法比擬的，即使最冷門的科系，大陸大學所擁有的教授數量也往往會比台灣來得多；再次是關係到升等難度的問題，雖然台灣的升等機制和大陸非常相似，尤其看重期刊論文的發表數量和引用指數，但是大陸的教授的評量似乎來得比台灣來得更為寬鬆一些，這當然跟整個學術和文化環境有很大的關係。

台灣的著作權保護越來越受到重視，而且近些年來也開始有制定相關的法規來加強管制。大陸也是有相關保護著作權的法規，但是落實的效果差強人意。這一點來說，大陸人發表論文確實比台灣人容易很多，因為這裡存在著非常多的邪門歪道。我在大陸寫作論文的過程中，查閱相關主題的國內研究文獻，簡直把我嚇到了。我會發現同一主題的論文確實很多，但是真正有內容的只有寥寥數篇，其餘的論文都是你抄抄我我抄抄你，更讓我歎為驚止的是還常常看到五六篇論文除了作者和發表的雜誌不同之外，其餘的部分從標題到標點完全一模一樣。

你會很好奇這些論文怎麼會被通過且發表出來的，我的一位同班同學正好在代理一間公司的校園業務，這間公司專門解決論文發表的問題。我同學給我拿出兩張價目表，根據不同的期刊級別會有不同的收費標準，從市級期刊、省級期刊到國家級期刊，價格不斷往上漲，如果你想發表在核心期刊上那也是有辦法的，只是繳納的費用會高達萬元。當然我這裡並沒有否定大陸所有期刊的水準，大陸的學術界一些核心期刊堅決保持著自己的品質，在國際上也享有一定的知名度。我這裡只是想展現給大家的是，在人數眾多的大陸裡，各種怪相層出不求，期刊好壞跟人品好壞一樣，參差不齊，正應了大陸人經常掛在嘴邊的話，「林子大了，什麼鳥都有。」

台灣的學術圈裡存在著跟大陸一樣的怪像，這或許是跟華人的文化特質和歷史發展的脈絡有關。我在台灣有一位博士班的學長，他非常在意他的言行舉止和他人的評價，我有一次鼓起勇氣問他：「學長，別人的看法真的那麼重要嗎？為什麼你總是那麼在乎別人怎麼看你的？」我的學長講了一句話，讓我感觸頗深。他說：「俊鋒，台灣的學術圈很小，不僅僅是數量和規模小，而且人的心胸也很小。讀碩班的時候你可以不考慮這些，但是當你讀博班有志於學術路的時候，你就要小心處理人際關係，現在你可能跟同學搶女友讓他記恨在心，以後在學術圈就可能被搞，勾心頭角的情況很多。」

曹丕在〈典論〉中就有提到「自古文人相輕」，縱使在人數很多、規模龐大的大陸的學術圈裡頭，勾心鬥角的事情也不少，而且花樣更多。跟台灣相同，在學術圈中還常講究資歷、階位，把一些與學術能力不相關的時間長短和地位高低放入評鑒學者的潛在指標之一，當然從事學術研究的時間有先後，也有輩份之分，更有地位上下的差別，但是「聞道有先後，術業有專攻」，所有的這些因素都並非是評鑒的必要因素。學術界需要的只是一個平等的對話和辯論的平台。

不過在台灣學術界裡面，這些存在的問題也被很多的學者所發現和批評，也得到了一些的糾正和限制。可是大陸卻還沒有發現這個問題的所在。其中最可怕的就是大陸把大陸的評級跟政府評級相掛鉤，一級教授對應副部級，二級對應正廳級，三級對應副廳級，四級對應正處級，然後一級副教授對應副處級，接著是正科級、副科級、科員。雖然這種對應關係並不會賦予教授真正的權利，因為他們並沒有相對應的官職，但是這種跟官位相關聯的設計確實讓人產生很多的聯想，也會帶來很多的競爭和不好的影響。

在學術界學派之分是司空見慣的事情，在學術論辯中，不同的主張和不同研究路徑的學者彼此之間形成不同的研究取向，例如法蘭克福學派、芝加哥學派、曼徹斯特學派等等。台灣的學術圈也是如此，大陸更是如此。但是有時候在大陸看到的卻不僅僅是這種理性的學術派別的區分，還有很多裙帶關係所帶出來的派別之分。在我之前就讀的學校裡，你要到一個學院任教，一定要先弄清楚這個學院裡面有沒有派別之分，有幾個山頭在那裡，一定要審時度勢，根據自己的需要和目標站對山頭，其實也就是要選對山頭的山大王，這樣你才不會被孤立，這樣你才能獲得更多的研究經費和升等的空間。如果你鶴立獨行，那就要確保你真的具備有籌措研究經費的能力和非凡的學術以及感召能力。

要怎麼去思考兩岸的學術怪狀呢？

費孝通先生在研究中國社會結構時提出了差序格局的階序概念：「每一家以自己的

地位作為中心，周圍劃出一個圈子，這個圈子的大小要依著中心勢力的厚薄而定；以己為中心，像石子一般投入水中，和別人所聯繫成的社會關係不像團體中的分子一般大家立在一個平面上的，而是像水的波紋一樣，一圈圈推出去，愈推愈遠，也愈推愈薄。」黃光國教授在研究中國人的文化和性格特質的時候更指出了華人對於人情關係的依賴程度。

相較於從古希臘平等的理性辯論發展出來的西方學術傳統，在華人的學術圈中很難看到一個平等對話的辯論平台的存在，很多學者開始注意到這個問題，也嘗試去搭建這麼一個平台，可是當把華人社會中的生活作風帶進來的時候，卻又會發生很多的問題。可見建構這種平台是何等的艱辛，畢竟這種學術辯論需要的是一個搏鬥的舞台，讓不同的觀點在這個舞台上平等地對抗，而不是一個戲場的舞台，各自帶著好人的面具在舞台上逢場作戲相互吹捧，這樣的學術界是不會有絲毫的思想成長和知識貢獻的。

廣州是歷史上著名的港口城市，也曾經淪為西方殖民地，建築風格深深地烙上了中西糅雜的元素，尤其是那些古舊的騎樓建築

學界如官場體制難突破

在大陸念書的時候，我是處於大學本科階段，所以常常被老師們叫為「小本生」，這一個「小」就特別突顯出我學術輩分和位階的低下，可是也因為這個特點，我常常遊走在各位老師之間，發揮人類學家的特質，蹲在一旁聽著那些年曾經的八卦事。

在大陸學界打拚，一定要混出個好名堂。大陸有很多學術頭銜，例如珠江學者、長江學者、逸仙學者這樣的稱號，這些學者稱號都是由各級政府為了吸納優秀學者特別制定出來的，其背後具有不同的含「金」量，評定為這些學者都會有不同金額的額外收入，例如珠江學者四年一次，被評定為珠江學者的老師在這四年中每年可得到高達四十萬人民幣（約一百九十萬台幣）。我聽過最吸引人的是「國家千人計劃」，通過這個計劃所吸引回陸的海外知名學者非常多，他們都能享受到國家的額外補貼款，每年高達一百萬人民幣（約四千七百萬台幣）。有一次在中大的學院裡，某位教授正是通過此計劃引入的學者，就把該年所領取的一百萬元為自己的學生們添置了很棒的鋼琴。

這些年來，大陸政府都在不斷用重金和各種資源吸引外流的優秀學者人才回流。可是大陸學術界的限制性也是他們經常要考慮的重要問題。在很多著名的高校早已經被早先的人佔領和樹立山頭，獨立成派。在人類學界，最明顯的是王銘銘教授直接把人類學界劃分為南北兩派，自己抱團形成北派勢力。最近和一位在美國社會學界很有名望的華人學者聊天，他採取了一個很妙的辦法。他回國不選擇去一線大城市的重點高校，例如北京大學、清華大學之類的學校完全不在他的考慮範圍之內，而是跑到大陸的中西部的重點學校去，那裡的資源不見得比沿海少，加之國家西部大開發政策，資源支持來得更多，而且在那裡還沒有樹立強大的門派區隔，讓自己有更多自由發揮的空間，也是讓自己在大陸站穩腳跟的最好起步點。

有時候看大陸的學術門派，心存憂傷。學門和學派之分，是學術共同體發展的一個過程和呈現，只是在現實生活中這種門派之分，影響已經不僅僅是停留在學生層面，也滲入生活。所以說，要在學術界「混」下去絕非易事。

呼喊本土文化

「本土化運動」是我來到台灣才聽說的新名詞。它主要是在一九八〇年代，台灣學人提出的一個樹立主體文化和對抗全球霸權文化的一個極具影響力的口號。在文化層面，本土化運動極大地彰顯了台灣人的自信和魄力，對於中華民族傳統的保留和發展，更是所有華人地區都無可比擬的，台灣在中華文化的傳承上佔據著最為核心的地位。

有人認為台灣的本土化運動本質上是一種「去中國化運動」，目的是促使台灣從基本的文化社會根源脫離中國文化的影響。陳水扁當政以來，更是啟動了一系列的正名行動，中華郵政更名為「台灣郵政」，中國石油股份有限公司更名為「台灣中油股份有限公司」，中華民國護照也加注上「TAIWAN」字樣，以此來彰顯與彼岸的中華人民共和國的不同。然而，我認為這所有的行徑僅僅稱得上是台灣的「獨立運動」，並不是本土化運動中的應有之義。

台灣的本土化運動一定不能脫離中華文化的根和源。日治時期時期的台灣完全地被殖民文化所清洗，而在蔣家時代卻走向了全盤美國化。如果脫離了中華文化的根和源，台灣的本土化運動就會變色，成為新的文化霸權下的犧牲品。媽祖信仰、新儒家的崛起、歌仔戲的保留、福佬話和客家話的挽救……等等，都是台灣本土化運動中所呈現出來的各種形式，它們都是因應新時代的要求推動中華文化重新崛起的表現，決非全盤的美國化。

本土化運動是台灣人逐漸意識到台灣文化的主體性和重要性，開始探索自我人文生活和價值觀；本土化運動所強調是台灣與世界的不同，所強調的是文化的多樣性，鼓勵台灣民眾自我思考，在全球化的過程中為守護自己的語言特色、文化特色、族群特色吶喊。雖然它是以「自主台灣」作為主要的訴求，但是它並沒有「去中國化」的意涵在其中，它反而更好地傳承和再詮釋中華民族的傳統文化。

很多時候，我們受到當權政府的愚弄，以為中華文化是有所歸屬的，認為它是大陸所有的，可是當我們靜心遠思便會發現這裡面的謬誤——當台灣的中華文化被掏空，剩下的所謂台灣自己的文化又是什麼？日治文化？美國文化？一棵被掏空了的樹幹？中華文化是全華人社會所共有的，只要是中華民族的子孫都是中華文化的所有者，它不應有國別的政治歸屬，它可以使大陸的，也可以使台灣的。

大陸雖然佔據了華人的最大一部分人口，但是經過十年文革斷了中華文化的根，要復興還需要走很長的路；台灣透過本土化運動使之成為中華文化名正言順的繼承者。台灣學人能夠在文化霸權盛行的年代提出這個口號，精神和勇氣是難能可貴的。在大陸，並沒有本土化一說，更多的是採用「中國化」或「中國特色」取代之。大陸人是非常不自信的，改革開放後全面追求經濟指標，把文化遠遠地拋在後面。二〇〇〇年之後，終於發現落後文化所帶來的束縛，開始奮力發展文化，但是卻深深籠罩在馬列主義的論述中而不能自拔。只要論及中華文化，大陸人無一不向台灣看齊。

台灣的本土化運動還沒有停止，亦或說它正在經受著邁向高峰的路上。我來到台灣，深深地被那些依舊奮戰在本土化運動前線的學人所感動，楊國樞、黃光國、葉啟正等等一群非常優秀的學人終其一生都在專心地做一件事情，為本土化運動鞠躬盡瘁。

然而，很弔詭的是，我在台灣一樣看到它的軟弱與不自信。雖然台灣有很好的文化自覺和傳統傳承，可是這些都好像被當成了古老的文物束之高閣。

李登輝主政以來，台灣進入了可謂嶄新的時代。李登輝所鼓吹的「台灣去中國化」促使了本土化運動如以後春筍般開始展開，但是同時以「自由化」和「國際化」的口號卻加劇了台灣社會的「全盤美國化」。即使到了今日的台灣，教育部依舊沒能夠產生自我的覺醒，依舊從事著不斷的「教育改革」，總是跟在老美的屁股後面跑，請了很多美國教育專家為台灣把脈，可是他們連中文都不會，又何曾知道台灣教育的著力點在哪裡？十幾年來，教育部總是在喊著改革的呼聲，不斷改，改了又改，舊酒換新瓶，終歸害慘的是台灣每一代的青年人。

台灣一直引以自豪的民主選舉，也是不顧實際全盤地照搬和學習美國模式。每一次的大選，就是一場場虛假作秀和亂開支票，難怪乎薛仁明稱呼台灣的這種全盤美國化的民治只是「台式民主」，把美麗寶島變成了「綜藝舞台」，把對民主選舉的憧憬變成了「綜藝表演」。試想，美國個人主義式的民主怎麼能夠在儒家關係主義佔主導地位的台灣一樣使用呢？我在台灣的選舉中雖然也看到很多的辯論和競爭，但是卻發現這不僅僅是一場候選人之間無硝煙的戰爭，更是一場波及候選人的家族和支持者的戰爭。美國的總統選舉中，候選人在競選過程中雖然針鋒相對，但是其後卻能握手言和，更重要的是他們僅僅是黨派之爭而非更多。但是我在台灣看到的是卻不是如此，雖然民主程序是一樣的，但是我在佛光山佛陀紀念館落成典禮上看到周美青與蔡英文兩人的冷眼相對，我在競選後期看到的是兩邊政黨紛紛動用各種手段相互揭露那些平時從不披露的陰暗面，我在競選過程中看到的是候選人到處給人們畫著和訴說著那個想像中的大餅……

此外，在陳水扁黨政時期，曾經把中正紀念堂更名為「國立台灣民主紀念館」，把刻有「大中至正」四字的牌樓用「自由廣場」四字取代之，小馬哥上台後又為中正紀念堂復名，雖然這裡牽涉到很多種不同的民眾情感在裡面，但是面對成為歷史的物件遭受這種反覆的更換，我看到更多的是一種赤裸裸的藍綠之爭。

大陸經濟改革開放三十年，廣州日益繁榮，打工一族也越來越多，街道變得狹窄，房價也不斷地攀升，「安居」成為了新世代最為憂心的問題

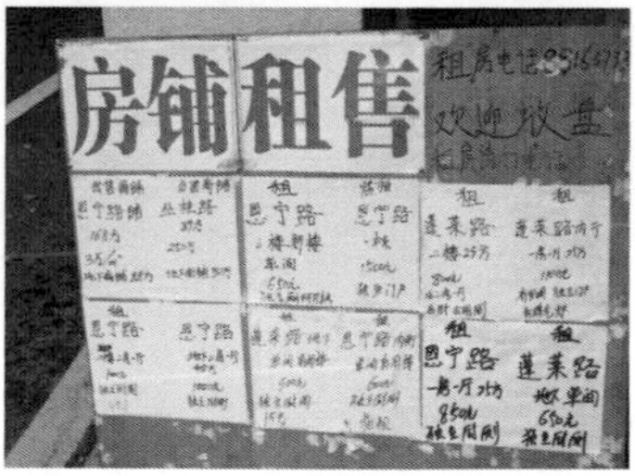

社會學、心理學與人類學

今年在世新大學參加了第五屆「社會學與心理學對話」研討會，一個對話已經用研討會的方式開展到了第五屆，實屬不易。不過，既然兩個學門都在尋求對話，說明兩者都希望能夠達到融會，進而解決共同面對的社會議題。我之前在大陸卻很少有聽到社會學與心理學的對話一說，這兩個學門都不曾想過能有什麼對話。

以廣州中山大學為例，心理學就被肢解在不同的科系裡面。社會心理學被劃分在社會學系裡面，宗教心理學被劃分在哲學系裡面，臨床心理學被劃分在醫學系裡面，而心理學系則依附在教育學院下面，主要包含應用心理學和基礎心理學，這也是大陸心理學發展的一個怪相。也正因為如此，幾乎就不存在心理學與社會學、心理學與哲學、心理學與醫學之間的對話，因為它完全被直接劃入各個科系裡面。

在廣州中山大學，存在的是另兩個學門之間的對話，即社會學與人類學的對話。為什麼要對話？這跟大學的科系劃分也有關。在台灣，人類學劃分在人文科學類，社會學劃分在社會科學類；可是在大陸，人類學和社會學卻是捆綁在一起的，它們有一個共同的學院，叫做「社會學與人類學學院」，或者是「社會學與民族學學院」。這完全是一堆佔據教育崗位卻不懂學術發展的行政官員的傑作，他們完全是腦袋跟著屁股走的一群人，把社會學與人類學做了簡單的劃分，社會學是研究和解決城鄉社會問題的，而人類學則是研究和解決邊疆民族問題的，因為政府政策需要，於是把兩者合並在一起，然後投入相應的政策支持性資源。

既然合併了，老師們也無可奈何。社會學與人類學存在很大的隔閡，雖然在一個學院裡，但是各幹各的事。於是，學院專門開設了「學術午餐會」，利用午餐時間，一邊集體享用午餐，一邊聽取另一個學系的老師報告各自研究的成果。可是，三年過去了，雙方的誤解還很大。最大的問題在於，它僅僅是各自討論各自成果的平台，隔行如隔山，談何容易？但是可以共同討論和推進的知識論和方法論這個議題卻被忽略掉了。

追求學術自主

「老師，你為什麼會想要辦『民盟書院』？」
「我知道你們都經過很多的波折才來到台灣念書，在這裡無親無故而且還受到諸多的限制，『民盟書院』正好可以給你們一個關懷的空間，在這裡我們也可以做一些兩岸議題的學習和討論。」

在民國一百年年底的最後一次「民盟書院」的課堂上，很多陸生都跑出來問如此的問題，當聽完黃光國教授的分享之後，陸生們心裡懷著的是無限的敬仰和感動。

黃光國教授在台灣開放陸生赴台攻讀學位的第一個學期開始，召集「民主行動聯盟」的原班人馬成立「民盟書院」，希望能夠通過這個公共學習和討論空間，讓兩岸的青年學子有更多的互動和交流，以期能夠讓即將走向社會舞台的大陸青年人養成思想獨立自主的能力，「擺脫西方學術霸權，建立自主社會科學」。

黃光國教授長期來往於兩岸，而且在華人社會的學術界佔有著舉足輕重的地位。當初我在申請台大前翻看師資簡介的時候，黃老師的旨趣讓我感到非常的出奇。作為心理系的教授，除了主要的研究方向為本土心理學外，還有科學哲學的研究。當我翻看網頁上關於黃老師的資訊時，更是讓我詫異，發現這位老師在政壇上是一位非常活躍的人物，尤其在兩岸關係的事務上更是少不了他的身影和聲音。我第一次見到黃老師不是在台灣，而是在大陸廣州；不是在心理學學術研討會上，而是公共政策與危機處理的研討會上。當時完全不瞭解這位老師，只能說他是一個非常「神」非常「妙」的老頭，興趣如此廣泛，活動的跨度如此之大。

後來跟他交流和互動的次數多了，尤其是翻閱過《最後的亞細亞孤兒：從李登輝、彭明敏、黃光國的生命故事看台灣人的一九四九》，才真正明白黃老師的真正用意之所在。很多時候，我們會很羡慕一些非常成功的社會賢達，對他們只能高山仰止。我在黃老師身邊待久了，才發現原來成功其實很簡單，無非是一輩子專心只做一件事，不放棄不認輸不拋棄，成功就會找上你。只可惜，我們中的很多人難以拿出如此的勇氣和耐力，做一件事很簡單，可是一輩子隻做一件事卻非常難。

黃老師雖然在很多人看來跨度非常大，學界和政界通吃，但是他所有的作為都只是為了一件事，重建華人的自主學術，即「學統」，進而求之真正契合中華文化和華人的政治體制，即「政統」。我個人覺得，黃老師是對兩岸的學術界情況看得比較清楚的人，他默默無聞地沉寂了三十年推動華人學術本土化運動，而今終於可以看到些許的成果。

台灣和大陸現在的學術界全盤西化得相當嚴重，我自己認為這是一種嚴重的「去中國化」的現象。台灣自蔣家時代以來，因為歷史和政治的一些原因，整個台灣社會都完全依賴於美國，而一代代的頂尖人才也被送到美國深造，從而造成了長久以來台灣學術界的全盤美化的現狀。我在翻閱台大很多學系的師資簡介，會發現非常獨特的現象，相當多的的老師都是從美國拿到碩士博士學位回來的，還有少數一部分是從歐洲獲得學位回來任教的。我在社會工作所上課的時候，開課第一天，老師便告訴我們：「各位同學，這學期我們學習的社工技巧是從美國系統而來的，所以跟歐洲系統會有一些不同。」不僅如此，當你去看台灣社會主流的心理諮商師所運用的諮商策略，它們中的絕大多數都是直接把西方所學習到的技術搬用過來，不同的心理諮商師從美國修習不同派別的技術回來台灣從業，你會看到台灣的諮商技術五花八門，但是卻缺少自己的根脈，而這些技術幾乎都是從基督教的信仰背景中發展出來的，到底在多大程度上適合台灣華人或原住民，這都是需要深刻反思的，用學術名詞來表述便是要反思技術使用的「情境或文化脈絡」，而非僅僅地搬用技術。

全盤西化的學術傳統很早就有，要算帳就要從五四時期開始算起。大陸淪陷之後，蔣家帶了很多的優秀學者來到台灣，其中胡適便是非常推崇西化的自由主義者，他接任中央研究院院長一職，可見整個西化的學術傳統在台灣完成了延續的過程。最具象徵意味的當看殷海光和牟宗三。殷海光是自由主義的領軍人物，從他的著述中可以看到深刻的西化，對西方民主與科學的絕對推崇，對中華文化的絕對貶斥，這在當時現代化潮流下產生這種論述當然無可厚非。但是當我們換個角度來看，跟殷海光同一時期的還有一個重量級人物——牟宗三，新儒家的核心人物，也可謂是華人圈中最為正統的儒家繼承者，他的學術功底和努力程度完全不輸殷海光，甚至更勝一級，但是他卻被主流所忽視，他提出儒家三統理想（即「學統」、「道統」和「政統」）也是難得回應。而今兩位學界元老皆已逝世，但是這兩位學界元老卻享受著不同的待遇。牟宗三的思想依舊在學術界含辛茹苦地經營著，而沒有受到社會的重視；殷海光的思想依舊得到整個社會各界的推崇。台大的教授裡面，沒有一位教授生前居住的地方被保留下來紀念，牟宗三也不例外，唯獨殷海光例外，在溫州街依舊可以到殷海光故居中緬懷這位曾經為民主和科學奮鬥的前輩。

在這裡我並非要在殷海光和牟宗三兩人間分出個對錯高下，他們都在他們的時代裡做出了非凡的貢獻，他們也都有著彼此不同的學術取向和理想，我只是希望在這裡通過當今社會對這兩位前輩的紀念象徵物去看，這兩位前輩在社會中受到關注、認可乃至追捧程度的不同，進而思考當年「全盤西化」所帶來的影響。

台灣八十年代末開始，陸陸續續在學術界有了自覺的呼聲和苗頭，社會科學的很多領域都有幾位學者在全球化的時代勇敢地站出來，豎起「本土化」的旗幟，嘗試走出屬於切合自身的一條路。雖然「本土化」運動走得很坎坷，三十年過去了，我們開始看到了它慢慢地被國際所接受甚至受到了越來越多的重視。

然而，大陸卻比台灣來得很慘烈。大陸至今沒有「本土化」意識和運動，即使台灣在九十年代有部分學者到大陸開設研討班為大陸學術界培養人才，但是難看到他們的影響力。長久以來，大陸都在推動「中國化」的理念，也就是耳熟能詳的所謂「中國特色」。在我看來，這種中國特色的「中國化」研究路徑並非跟「本土化」可相提並論，它們兩者是完全不同的兩種歷程。說得比較難聽，「中國化」實質上是一種「去中國化」，因為「中國化」的最大指導原則並非是以中華傳統文化和華人特質作為研究的脈絡，而是以馬克思列寧主義作為最大的指導方針，這跟台灣唯向美國看齊的作為是殊途同歸。

大陸的這種學術困境要算帳也同樣需要從五四運動開始清算，但是跟台灣不同的是，大陸在文化大革命的十年遭受了文化上的浩劫，對於中華傳統文化的完全否定，造成了整個傳統傳承的斷裂，而且自從中華人民共和國成立以來，經受了三十多年的主義之爭，學術界不以追求真理為導向，而以誰更符合馬列主義為標準。直到八十年代改革開放以來，這種情況才得到緩解。但是迎面而來的卻是全盤的西化，在大陸高校搜尋教師簡歷，你會發現八十年代以後培養出來的教師，相當大的一部分都是從美國和歐洲取得學位，大陸比台灣稍微不同的地方就是，台灣是幾乎美國化，而大陸的學術界的背景是英美和歐洲傳統兼備。我在讀大學的時候，我和周邊的同學最為頭疼的是教材問題，同一個主題和內容的書籍，有很多大陸人寫了教科書，任課老師都不會列為教材，至多只能是參考文獻，任課老師都會選擇外文書籍作為教材，那價格就貴了非常多。

台灣學術界雖然西化現象依然很嚴重，但是我也看到學術界還有一些非常用功和努力的學者在其中。行走在台灣校園的每個科系，跟越來越多的老師接觸和交流，越會被很多的老師所感動。我有一次在翻閱劉瓊瑛翻譯麥克・尼可博士（Michael P. Nichols）的《家族治療》（Family Therapy Concepts and Methods）一書，深深地被劉老師的精神所感動，她在譯序中寫道：「翻譯這本書，竟然花費了我人生歲月二十五年時間。」雖然她並沒有唐朝僧眾翻譯佛經的那麼字字必較，但是她翻譯的謹慎和細心在這個追求高速和經濟的時代是非常難能可貴的。在大陸已經難尋如此的學者，雖然大陸翻譯著作的數量比台灣多十幾倍，費時卻比台灣短很多，但是其品質是所有大陸人都心知肚明的。

我有一個朋友有一次讀到特德・C・盧埃林（Ted C. Lewellen）的《政治人類學導論》（Political Anthropology: An Introduction）的中譯本，譯者是中國社會科學院研究員，想來其品質應該是可以信賴的。殊不知，我朋友隨便一翻發現書中的翻譯和排版錯漏百出，而且書中也沒有交代是譯自作者哪一年的版本，以為譯者是翻譯自第一版，可是當他親自到圖書館找來英文原書把參考書目和序言做了一一對比後，發現譯者翻譯的不是第一版本，而是經過閹割（自己篩選）後的版本，真不知道譯者有沒有經過盧埃林的同意而如此翻譯，對於書本版權頁對版權交代的模糊更是讓人對譯者是否有取得版權抱有懷疑。大陸常常會出現一些沒有獲得版權的譯著。我讀大學的時候就曾遇過一位教授自己翻譯了一本書，譯完才發現中文版權早已被他者購買走了，可是書還是照出不誤。從此，我的那位朋友再也不肯相信譯著了。不僅我朋友，我遇過的很多教授也是，很難接受大陸的中文譯著，我在哲學系讀書的時候，有位教授就向我抱怨，他說他翻閱了整本書完全看不懂，當他把譯者翻譯的專有名詞全部變回英文的時候才慢慢看懂了書中之大意。

四年大學時光下來，常常和身邊的朋友討論學術界的現狀，很多人都看不到大陸學術界那種爭氣和努力的勁，看到更多的是勾心鬥角和爾虞我詐，很多人都紛紛投奔西方。大陸目前對於海龜派（即海外高校取得學位回國從業的人才）非常重視，而且待遇也是跟本土人才差別對待，差距很大。很多時候遊走於大陸各個大學的校園，跟很多大陸的學生交談，總有一種感覺，「萬般皆下品，唯有老外好」。

台灣和大陸的學術往後該往何處去？社會主流又該往何處去？日本和韓國相繼崛起，而我們也不能總是追隨在別人的屁股後面。我想，「本土化」，或許是一個值得嘗試和努力的方向。

廣州人一直很注重保留和回味屬於他們獨具特色的「廣府文化」，形成極具特色的文藝活動區域，組織各種廟會活動

思想殖民的悲哀

帝國時代與殖民時代，對於我們來講，似乎已經是上個世紀的事情了；可是最令人顫栗的是，殖民思想卻一直佔領著我們，最典型的便是崇洋媚外。這不僅是大陸，台灣也如此。

在大陸的高校裡面，外國學生的待遇是最好的，只要是外國學生提出入學申請，完全不需要提供必要的漢語言成績，便可入學。每月除了有高額的生活費補貼之外，外國學生還能居住在設備非常齊全且環境舒適的公寓式宿舍。我身邊的一些老師在私下常常提到外國學生就很氣憤，因為不懂中文的外國學生是這些老師教學中的一大難題。反過來，我們想去國外念書，卻近似乞求的狀態，不僅為英語語言成績努力熬夜拚搏，申請的時候對方還不一定會很大方地給予任何獎學金或生活補貼的支持。來到台灣，似乎情況沒好多少，外籍學生的獎學金和住宿條件遠遠是本地生、僑生和陸生所無法比擬的。要知道，這些白花花的錢都是我們納稅人的錢，卻被一些政府官員為了打造「國際化」的形象工程而毫無價值地花了出去。

在學界，學術殖民更是來得可悲。不僅是大陸，台灣也是，唯SSCI（社會科學引文索引，Social Science Citation Index）是瞻。在大陸的高校裡面，不論哪個科系的老師的論文在SSCI發佈了，這條信息都會第一時間刊登在學院或學校的主頁之首，可見SSCI在評鑒中的分量之重。可是，SSCI是由西方人發展而來的，它也是由西方人為解決他們各自的問題而產生的，我們如此看重SSCI，唯恐我們自己的視角也會陷入到以SSCI為主導的西方人視角裡面為學術而「玩」學術。

我在中山大學人類學系學習的四年中，除了費孝通的「差序格局理論」之外，幾乎使用的是西方人的理論；在社會學系學習的三年裡，情況更為惡劣，幾乎全部是西方人的理論，中國人的影都不見了。我並非指責西方理論的模型不好，我們需要注意的是，我們自己的文化和問題哪裡去了？學界不是為了印證和修補西方人的理論而存在的，而是為了解決自身問題而存在的。

MEMO 6
體悟放下，走向法鼓

人生總是存在著諸多的機緣，讓你與一些事情發生關係，來得突然也來得奇妙。我一直跟佛教寺廟非常有緣，自從發生在二〇〇八年五月十二日四川汶川地震之後，隨著支援專案的展開，自己與村落邊的蓮池寺結下了三年的情誼；出來台灣還不到一個月的時間，還害怕一個人行走在台北周邊的時候，卻不知哪裡來了勇氣，自己買了車票來到了新北市金山區的法鼓山教育園區。

聽聞法鼓山的名號已久，在還沒登上赴台的飛機前，大學時候的導師便建議我到台灣後可以去法鼓山看看。當時還不知道法鼓山的創建者聖嚴法師，一直還把他與慈濟的證嚴法師搞混。

對法鼓山的初認識得益於台大法青會的朋友，我真的相當佩服他們。他們動用了一切能動用的方式，把小品、戲劇的手法借用過來，用常常幽默到讓人忍俊不禁的話語訴說著法鼓山那些創始的故事。

放下的力量

「俊鋒，你是要去台灣的哪裡讀書？」
「台灣大學，在台北。」
「那你一定要抓住這個機會，有時間去看看『法鼓山』，很棒！」

來到台灣的半年裡，學習和生活上的壓力是非常大的。我在台大念心理學研究所，而之前卻沒有一丁點的心理學知識背景。如果非要找出一些關係來，我只能說我曾經在大學一年級的時候修習過「心理學導論」課程。

還記得我在申請的時候，翻閱著台灣的大學向陸生開放的科系，我很納悶，「為什麼全部都是研究所？我想要念的是大學不是研究所呀！」後來真正來到台灣，才發現這邊的研究生都是在研究所攻讀的。這一點跟大陸非常不同。在大陸完全不會聽到「某某人是在某某研究所攻讀研究生」的說辭，只會說「某某人在某某大學讀研究生」。這邊的科系的系館門口都會掛上「研究所」的招牌，而大陸一般是不會的。

我之前念大學是在中山大學的哲學系，在這個系裡面分佈著非常多的研究所，例如科學哲學與認知科學研究所、邏輯與認知研究所、佛學研究中心、倫理學與實踐理性研究中心……等等，這些研究所裡面會有相關領域的教師和研究員，但是沒有學生，研究生雖然也有跟隨的導師，但是並不會跟隨他們的導師分別隸屬於不同研究所，因為最終頒發學位證件的是學系而非研究所。

台大的心理所屬於理學院，對於數學和統計的知識要求比較高。我在大陸攻讀了哲學和人類學兩個學位，四年的質性研究和邏輯訓練，對於數理變得非常不敏感，幾乎沒有觸碰統計的知識。由於沒有相關學科的背景，因此我需要比其他人多補修「教育與心理統計學」、「實驗法」和「心理測量」三門大學部課程。第一學期我就自不量力地修習了「實驗設計」這門給研究生開設的必修課程。

台灣的生活雖然跟大陸有很多不同的地方，但是畢竟都是華語社會，並非會遇到特別的障礙和不適應的地方。即使如此，在開始的半年裡，整個的生活壓力是很大的。我雖然在台大這所公立學校就讀，但是依據台灣的陸生就學的條規，公立學校需要向陸生收繳私立學校標準的學費，開學就繳納了五萬八千二百九十元；宿舍被安排到外國留學生公寓住下，每個月繳納四千七百元的住宿費，對於我來說是一個不小的負擔；而且不能有獲得任何政府的補助和獎學金，也不能夠擔任兼職助理，總之是完全沒有一切可以補助生活的外在來源。

第一學期整個人的生活狀態和想法都不對路，每天睜眼閉眼總是想著如何縮減吃住的高額費用，自己都不敢到學校外面的餐館吃飯，在學校食堂吃一頓也不敢超出六十元。每天出行在外，常常我都一個人步行，不敢選擇捷運和公車，經常算計好時間提前一兩個小時出門，半年裡已經無數次地來回行走在台北的大街小巷。

總之，整個人的腦子都在想方設法如何節省開支、如何尋找外界的支持力量，乃至還會找大陸的朋友看看有什麼可以在這邊幫他們做的事情以賺點小費，所有的一切似乎成了錢的問題，每天所關注的也都是錢的問題，雖然當初是自己突破家人的阻攔執意要來台灣，但是卻天天都要為台灣對陸生的政策抱怨一通，有社團或協會叫我去分享或書寫陸生心得，我都恨不得把一肚子的怨氣發洩出來。

很多同學跟我說：「在台大上課被當是非常正常的事情。」大陸大學課程不及格，不用「當科」這個詞，而是喜好用「掛科」。我在大陸讀書的時候，「掛科」是一件非常丟臉的事，而且你要「掛科」都是非常困難的事情。大學「掛科」就好像小時候把不及格的考卷帶回家給媽媽一樣，有一種說不出的不好的滋味，而且出現「掛科」，如不重考就不能夠拿到學位。大陸的大學跟台灣不同，大陸的大學畢業可以拿到兩本東西，一本叫做「畢業證」，證明你從這個學校畢業了；另一本叫做「學位證」，證明你學有所成拿到相應的學位證明，只有把要求的課程均合格通過且通過論文口試之後才能拿到「學位證」，否則你只能拿到「畢業證」。

剛開始修課的時候，我完全沒有意識到危機感，只是不管聽得懂聽不懂都乖乖地去上課聽講，以為跟大陸修課一樣，只要等待著最後的輕鬆的考試。後來我發現完全不是這個樣子，這邊的階段考試很多，需要完成的功課也很多，而且這些分數最後都會加成到總分裡面去。其中對我打擊最大的是，拿到「實驗設計」的期中考試的試卷，總分一百分的試卷我才得了一個九分。這樣看，似乎無論我怎麼努力這門課都要面臨著被「當」的危險。

曾經翻看過很多留學生的留學筆記，也看過一些研究中國留學生在國外生活情況的書籍，會看到很多並沒有持有信仰的學生到了美國都會慢慢成為基督教的信徒。當然這裡面有著很多種的原因，但是我相信最起碼是基督教的信仰為他們在那裡的生活和學習帶來了幫助和益處。我在台灣也很慶幸，遇見了法鼓山這個正信的佛教僧團。

在大陸因為我修讀人類學的緣故，所以有機會經常遊走在各種宗教團體之間。數數我大學的後面三年，在基督教會待了半年的時間，在佛教寺廟也斷斷續續待過三年的時間，偶爾也會去道觀和天主教堂坐坐，甚至還在一個被大陸政府明令禁止的「十四大邪教團體」之一的三贖基督教中待了一個月。但是一直以來並沒有哪個宗教信仰給我帶來特別大的幫助，自己也一直沒有歸屬於某種宗教信仰。

我之所以會來到台灣接觸法鼓山，完全是出自於自己對宗教的興趣和愛好。按照佛家的話語來講，這也算是一種「因緣」。

我在出發來台前完全沒有聽說過法鼓山這個僧團，知道的只有佛光山和慈濟功德會，聽聞佛光山是因為星雲法師在大陸的聲望，知道慈濟功德會則是因為它在大陸設有很多的分支機構，而且在四川汶川大地震後一直在做救災援助。後來知道還有一個知名的法鼓山，完全是出於非常偶然的機會。在我登機前一天，我大學的導師一定要請我吃飯，開口第一句話就是：「俊鋒，你去了台灣有機會一定要去法鼓山看看，很棒！」也就是這樣的一種因緣，法鼓山成為了我到台灣拜訪佛教寺廟之旅的第一站，而且深深地喜愛上了它。

台灣的佛教發展雖然沒有大陸具有久遠的歷史和古來的寺廟，但是在世界範圍內的影響是大陸寺廟所不可及的。剛開始我按照大陸的邏輯去想像法鼓山，以為「法鼓山」就是一座建在叫「法鼓山」山上的寺廟，完全不知道它其實是一個僧團的稱號，完全沒有想像到它可以擁有很多分院。遊走大陸的寺廟，你都不會發現它們會歸屬於某幾個體系下面，大陸寺廟很多，可謂廟宇林立，但是它們都是一個個獨立的寺廟，每個寺廟都有自己的宗派傳承和方丈主持。所以很多時候我跟身邊的大陸朋友介紹法鼓山的時候，他們都會問我同一個問題：「法鼓山到底是一座山還是一座廟？」

我第一次跟法鼓山接觸的是天南寺，因為我會一些攝影和剪輯技術，天南寺正好有段時間帶禪修營缺攝影的義工，因此天南寺通過台大的法青會找到我，當時正好面臨期中考試，但是機不可失時不再來，答應了去那裡做義工，也給自己的法鼓山之行開個頭。

大陸的寺廟現在也有走禪宗的傳承路線，但是向公眾開放並把禪修帶入生活的做法還非常少，只有福建長汀的南禪寺、廣東梅州的千佛塔寺、廣州南湖和瀋陽的華聖寺有請馬來西亞的法師來帶禪修訓練，大陸的很多人也都會抓住各種長假飛到馬來西亞參加各種禪修活動。台灣的民眾則很有福報，就在自己的家園附近就有非常正統且被世界公認的禪修之地——法鼓山。

這次義工之行對我的感觸很多。我在天南寺乖乖地在一旁攝影和剪輯照片，完全沒有任何人跟我鼓吹佛法和禪修的好，我的所感所觸完全都是來自於我的所見所感。

來台灣之後，為適應不同的學習方式常常熬夜，整天都在為錢的事情而苦惱，又無法安住自己躁動的心，週末都跟著大陸朋友遊走在台北的大街小巷，整個生活都是在一種全新的而且混亂的狀態之中打轉。我跟來天南寺參加禪修的其他人一樣，都被喧囂的城市生活牽引，隨波逐流，失去了對自己身心的關照。

雖然一直在攝影和剪輯，但是我也會趁有空檔的時候放下相機，跟著法師的步驟嘗試打坐。剛開始的時候完全出於好玩，當自己真正做起來之後，跟隨者法師的引領，把心安放在當下，不去懊悔過去的事情，也不多慮往後的事情，靜靜地跟隨者自己的呼吸，把全身的力量都放掉，把整個身體和思想放空。

這是一種忙碌的工作學習中難以體會到的一種放鬆感，這是一種在匆匆追隨時間腳步的生活中難以感受到的一種安詳感，這是一種在物欲橫流的現代都市中難以獲得的一種沉澱感。

最妙的而且對我產生真正受益的是每一段禪修之後聖嚴法師的開示。這些開示如果放在往日的生活中，我一定會覺得是廢話，因為這些話都是我們在生活中常常聽到且不會去真正用心去體會的「大道理」。聖嚴法師的開示有很多，我最用心且體用最多的是這麼一句：「面對它、接受它、處理它、放下它。」這句話所蘊含的道理在我的生活中已經有無數的人跟我講過，從小到大，從身邊的父母到身邊的朋友，在安慰你的時候都會講出這麼一番具有深度哲理的話語。但是當經過禪修，把身心完全的沉澱下來，靜靜地聆聽這段話，內觀自己這段時間忘了關照的身體和心靈，這短短的十二個字是多麼的舉足輕重。世間的事情是很簡單的，事情發生了，你也不能改變什麼，那唯有「面對它」，把它「接受」下來，能處理的「處理它」，不能處理的就「放下它」，繼續行走在人生路上。我們常常困惑，我們常常無法自拔，我們常常痛不欲生，都是我們不願意去面對這一切，不願意去接受這一切，不能處理的也不願意放下這一切，我們對這些都有著自己強烈的想望和期待，要求的太多，殊不知其實外在之物舊的不去新的不來，把它放下，前面的路一樣很精彩。

「實驗設計」考了個九分，我也必須面對它，把它安放在過去的那一刻，重新收拾心情上路，重要的是自己要真正從中學到知識，那麼最後就不怕有遺憾；錢對我來說真的很重要，可是一些事情並非你想解決就能馬上解決，它需要一個過程，更需要一個做好準備的人，只要自己量入為出，學有所成，做好準備把握每個機會，我便不虛此行。

我們有時候會因為聚焦某件事某樣東西太久了，成了坐井觀天的青蛙，以至於我們不會注意到更為關鍵的東西，以至於我們可能忘記了自己的初心，以至於我們在茫茫人海中丟失了自己，常常把心沉澱，關照自己的身心，把視野放大放廣，天空不僅僅是這一小片，它還可以更大更精彩。

廣東人真重視神明信仰和祖先崇拜，每個家庭都會供奉神靈和祖先，每個家族依舊保存和書寫著家譜

惹火陸生的一份問卷

台灣和大陸都是使用方塊文字，雖然大陸使用簡體字，而台灣使用正（繁）體字，但是很多字義和成語都是具有同樣的歷史淵源，一脈相承的。可是，隨著兩邊的隔絕，文化的分歧，使用的詞彙上也出現了很多的差異。每一個字都能看得懂，認得出，念得出，可是放在一句話中卻不一定能夠理解它的意思。每個字和每個詞，它們作為語言符號的存在，本是因著所處的境遇賦予的文化意涵而具有了意義，當這種境遇發生了改變的時候，這些字和這些詞也會披上不同的外衣，展現出不同的意涵。最明顯的例子是兩岸青年人使用的不同的網路新詞，台灣人很難理解大陸人的「雷人」、「坑爹」等詞彙，大陸人也很難理解台灣人的「機車」、「天龍人」等語詞。可是，當你細細品味兩岸用語的差異的時候，你會發現這些差異往往也會帶來情感性的誤解和傷害。

首批陸生來台備受關注，很多學者更是抓住這一群體開展自己的研究。因此，不到一年的時間裡，台大陸生便接受了來自四面八方的無數問卷請求。處於尊重和體諒學者研究之不易，我們都會答應並填寫問卷。直到有一天，一份問卷請求發送到我們每個陸生的學校信箱的時候，有人開始提出了抱怨。對方來信提到問卷對象為「中國研習生或中國留學生」，有人就發問：「中國研習生和中國留學生是個什麼三小？」對方趕緊解釋道：「研習生是短期交換生，留學生是學位生。」可惜為時已晚，有人接著提出：「措辭不改堅決不做！」對於一直抱持著「台灣是中國的一部份」信念的陸生來說，似乎很難接受「留學生」的稱呼。對於兩岸在這點上的差異，我相信每個陸生都是有所體會的，也是能夠理解的，有陸生趕緊出來當和事佬，「我們應該尊重台灣人民的表達自由，沒有必要因意識形態而糾結他們的學術措辭。就像我們尊重主張台獨的老師的課堂講演一樣。」可是，當遇到「外籍生」、「留學生」的稱呼時，心中的那份不自在感油然而生，那是一種對多年來深深扎根在陸生心中的信念的衝突，更是一種多年來隔閡所帶來的深深的誤解。

出坡禪中體悟生命

「請問，陸生在台灣不能從事報酬的活動，那能做志工嗎？如果志工有補貼，那能夠領取嗎？」
「當然很歡迎你做志工，我們對於志工服務活動都是相當支援的。如果有補貼，需要視補貼的性質而定。」

因為陸生在台灣的學習和生活都有相當多的限制，一不小心就可能違犯這些限制被遣返大陸，所以開學之初台大的學務處和僑陸組就專門召集陸生開會提醒陸生哪些事情可以做、哪些事情是不能做的。「三限六不」裡面有對陸生在台工作和兼職的限制，涉及到有報酬的勞資關係的活動都不能夠參與，但是對於一些志工服務的活動和其中涉及的費用補貼均未做詳細的規定，因此我當時在會上專門提問諮詢。

作為學生，學業為第一要務，可是不能從事一些多元化的活動，增加自己的生活閱歷，讓自己的生命更豐富和精彩的話，我覺得這樣會讓生活變得很枯燥。在諸多限制下，似乎志工服務是唯一一條可以豐滿自己生活的路徑。

台灣的志工服務的發展比大陸早很多，而且志工服務的規範比大陸健全，社會對於志工服務的認可度也比大陸好很多。大陸不採用「志工」的稱呼，而是用「志願者」代之。大陸政府對於「志願者」的重視是近年才開始的，在之前並沒有受到很多重視，而且也沒有提供支持性的資源。近年來主要得益於大陸的幾件大事，四川汶川地震的爆發，數百萬的民眾志願前往災區援助，雖然在當時缺乏應急機制的情況下出現了很多混亂的局面，但是政府開始看到志願者這股強大的精神和力量；奧林匹克運動會、世界博覽會、亞洲運動會和世界大學生運動會，這些需要上萬人協助的大型賽事的舉辦，政府開始把注意力放到了志願者身上，發動起志願服務這個強大的引擎來助力。

可是在以經濟發展為主軸的大陸社會，對於志願服務的認可度還是很低的，而且也沒有任何健全的體制保障，導致整個志願服務的體系非常混亂，真正參與到志願服務的也主要以大學生群裡為主，社會人士更多地迫於所在機構所施加的強制，任務式地完成志願服務。

在大陸，我在紅十字會體系待了四年有餘，深深地目睹了紅十字會體系的森嚴的權力體系和混亂的志願服務管理，當然這也跟大陸的紅十字會的官方背景有關。它跟台灣的紅十字會很不同，並沒有保持完全的獨立性，而是完全掛靠在官方機構之下，紅十字會的最高領導人往往都是有政府要員兼任。所以在二〇一一年大陸爆發的影響紅十字會信譽的「郭美美事件」，我並不感到任何的驚訝。從此以後，我都會自嘲地跟朋友說：「我出門在外都不敢跟別人說我是紅十字會的，怕被痛扁。」

台灣政府對於民間組織和社區大學都有一定的資源支持，這是許多大陸人最為羨慕的地方。來到台灣，我看到了跟大陸一樣的土地問題、農民問題、原住民問題等等不公不義的問題，但是在這個自由的社會裡，政府會允許不一樣的聲音存在，民眾也會團結在一起組成各種自救會，也會有各種功能的民間組織參與其中支援他們，政府也為社區大學提供各種資源支持和經費補助，我感覺台灣人真的很幸福，有時間還可以到社區大學裡面充實自己。

然而大陸的情況很不相同。我在大陸的一個民間組織「公民社會與發展研究中心」待過三年的時間，政府完全沒有任何的支持措施，經費的籌措完全是靠個人捐助；政府沒有對這些民間組織做限制和管制就已經是很幸運的事情了，很多的勞工組織，例如廣州的「曾飛揚打工者服務部」、深圳的「小小鳥」，這些為勞工工傷提供援助的機構，常常會遭到政府的嚴厲監管。大陸的城市發展速度很快，土地也變得非常緊張，政府常常需要徵用居民土地，從而引發土地問題，大陸人也會團結一起來抵抗國家機器，但是卻沒有來得像台灣那樣的自由。我來台灣之前，參與到了廣州的古城保護的「恩寧路運動」之中，深深地看到了這種抗爭的艱難和危險，所有的人都冒著一種生命的危險在與一個強大的國家機器和雄厚實力的財團在做抗爭。至於社區大學，更是舉步維艱。大陸到二〇一〇年才出現第一所社區大學，在廣東中山市的古鎮。

來到台灣，就要多點學習好的東西，充實自己。志工成為了我的首選，志工服務不僅可以助人，而且還能夠讓我看看台灣的志工服務是怎麼管理和運作的，體會台灣志工的精神，如此利人利己的事情，我自然義不容辭。

不過，我開始參與志工服務的起點比較不同，我是從參與到宗教團體的志工服務起步的。

我第一份志工服務是在天南寺，當時以為天南寺就是法鼓山，法鼓山就是天南寺，後來到金山的法鼓山總本山才知道，原來法鼓山是一個僧團，它的體系下有著諸多的分院寺廟。

在往後的很長一段時間裡，我都在法鼓山總本山跟隨果品法師在「百合組」裡做志工服務。我覺得聖嚴法師給這些志工都取了一個非常恰當而別致的名字——「悅眾」。聖嚴法師是這樣解釋這個「悅眾」的內在含義的：「悅眾就是自己能知慚愧，有過當改，奉獻自己的心力，為他人服務……悅眾的形象，應是清淨、清新，不染陋習，關懷社會而不受社會影響。」

之前我也參加很多社會上的志工服務，總是會有著一種任務感去做服務，為助人而助人，雖然每次參加完志工服務，當看到受助者臉上的笑容的時候，都會被對方的開心所傳染，有充實和愉悅的感覺，但是在法鼓山做志工，有著更為獨特的感受。

法鼓山是一個注重禪修的道場，因此它也希望每一位志工能夠把禪修的精神和功夫帶到服務中去，服務別人不再是一種服務的任務，更是一種修行的功夫，一種自觀內在的功夫。悅眾即悅己，悅己即悅眾。

「百合組」顧名思義，跟花是很有關係的，它主要是維護和管理法鼓山總本山的園林花草。男性志工總是非常缺乏，在「百合組」的男生都會分配到很重的體力活，有挖不完的土，有砌不完的磚，有做不完的肥皂。

剛開始的時候，我負責把挖出來的土和有機肥料根據一定比例混合攪拌的工作。手拿到鏟子開始，就很拚命的幹起來，心想「早點幹完早休息」，在其他人看來我幹得很用勁。到後來我才發現，這樣使勁下去是萬萬不行的，因為山那麼大，土是永遠挖不完的，攪拌的工作也是永遠做不完的，可行的辦法只有慢慢地從心所欲地去做這份工作，不要有一種完成任務式的念頭，不要去想什麼時候完成，也不要去想還有多少沒有完成，把心專注在當下手中正在做的事情，清楚自己要做的事情，專注於一件事做好一件事。

在法鼓山做志工，不會有時間的限制，也不會有任務的要求，根據自己的速度，能做多少就做多少。後來要砌磚頭製造出更多的格局空間來種花，我們要做的就是專心砌好每一塊磚頭，每一塊轉頭都要保持在同一水平線上，對準對齊，高了或低了都要重新返工，有時候辛苦了整個上午才堆砌完兩塊磚頭，有時候碰到因為地勢的高低，部分磚頭高了或低了，不得不全部返工重做一遍，這完全是一種耐心和持久力的考驗。所以當你常常遊走在很多宗教場所的時候，都會發現那些建築和佈局都是非常工整完美的，那都是不計時間成本，經過非常專注和用心製作出來的結晶。

帶著禪修的功夫做志工的體驗真的是非常獨特，在服務過程中所有生活的毛病都體無完膚地呈現了出來，在服務過程中不斷地關照自己的身心，不斷地內省自己的生活狀態。我們在城市中生活，誘惑太多，任務太多，想做的事情也太多，做完一件事情還有接下來的事情，一事接一事，事事無窮盡，我們就變得很在乎時間，生活變得匆匆忙忙，每件事情都當做任務急忙中完成，奔向另一個任務，到頭來事事都好像沒有一件完成得非常完美，都沒能給自己帶來很多的成就感和愉悅感，做了很多事情卻完全忘了自己的初心，所以我們常常會抱怨事情很多，我們常常會抱怨任務很重，我們常常會抱怨自己很累。但是當我們把道理想清楚了，知道事情永遠做不完的，這件事情的完結意味著另一件事情的開始，與其每件事情都馬馬虎虎過去，何不放慢自己的腳步，專注於一件事情好好地做一件事情，清楚自己正在做的事情，清楚自己的身心所在，把做事情當作一種生活，在生活中做事情，在做事情中生活，這樣就不會有勞累感，換來的是更多的心靈歡喜。

我們常常沉浸在忙忙碌碌的雜事堆中，全然忘卻了自己的所在，猛然回頭，「啊，這就是生活！」我們變成了為事情而活著的人。與其這樣，何不把順序顛倒過來，清清楚楚地做好當下手中的事情，一件件慢慢做，做每一件事都當做是一種生活的體驗，清楚其中的身心覺受，我們成為活著的做事人。

每次接到法鼓山的志工服務的通知，都會懷揣著想望的心情早早爬起來，跑到台北車站東三門搭八點的義工車上山。在山上，享受著揮灑汗水的暢快，享受著脫離車水馬龍的喧囂生活的片刻寧靜，享受豐盛美好的齋食。每次當完志工乘著夜色回台北，心中總會充滿無限的法喜迎接新的一天。紙上得來終覺淺，絕知此事要躬行，才真正領會到陶淵明的「晨興理荒廢，帶月荷鋤歸」的瀟脫與愉悅，才真正明白志工的真正內涵：服務他人不僅是助人更是助己。

石室是廣東唯一一座哥德式建築的天主教堂，而今它的主人已經不是梵蒂岡，而是大陸中央政府

大陸學者在研討會的糗事

台灣的研討會很多時候都會請來大陸的學者做演講，而且還不乏在大陸學術界很有聲譽的人物。可是，在大陸似乎有著這麼一種傳統，學者們都喜歡在不同的場合和時間裡演說同一篇的講稿，越是聲望高的學者這樣做的可能性越大。看起來這也是合理的，畢竟名人的生活都是忙碌的，為了因應各種應酬活動，需要人家每一次都時候不同的講稿確實有點難度。一直來在大陸念書，也已經接受了這種現實。而今，我常常參加自己熟悉的學者的講座，我基本瞟一眼他的標題，幾乎都能知道他要講的內容，聽他上一句都可以幫他接下一句。

來了台灣，才打破我的這種迷思。在台灣，不論學者的地位和聲譽高下，每次開研討會都會看到他們不同的文章和演講。我才知道，原來對於真正為學術而努力的學者們是可以如此的認真如此的一絲不苟的。

淡江大學在四月份的時候舉辦了高等教育研討會，有幾位大陸學者也出席了會議。這幾位學者跟很多來台參加研討會的大陸學者一樣，只向會議主辦方提供了報告的演示文稿，而沒有提供會議論文，這在大陸的研討會上是非常常見的做法。很不幸的是，這次這些學者遇到了一位比較較真敢言的台灣學者做點評，這位台灣學者在點評的時候直接指出：「僅從這些報告的演示文稿提供的零星資訊，而沒有論文那樣具有邏輯論述的內容資訊，很難在幾分鐘的報告裡理解作者到底想在這裡說什麼討論什麼。」說白了，其實就是指罵大陸學者不認真做學術，大陸學者也聽出了這裡的言外之意，心中自然不服氣，一個個出來做解釋，一個個都拿「文化差異」當作擋箭牌，我在場汗顏得無地自容。

準備會議報告的演示文稿很簡單，完全不需要論文的研究回顧、論證結構等等較為嚴謹的框架。而從研討會大陸學者提交的演示文稿來看，也只是一些零星的數據和材料的展示，完全看不到這個議題的研究回顧和作者的論證過程，有的只是作者漫無邊際的描述性演講，難怪乎很多大陸學者都能夠如此輕輕鬆鬆來參加研討會。大陸有一些非常優秀的學者，但可能有更有如此般懶散的學者存在，往往忙於很多行政職務而有失學術的嚴謹認真的作風，這是非常可惜的地方，也是我常常在參加研討會倍感心痛的地方。

出家的莊嚴與法喜

如何成佛道，菩提心為先。
何謂菩提心，利他為第一。
為利眾生故，不畏諸苦難。
若眾生離苦，自苦即安樂。
發心學佛者，即名為菩薩。
菩薩最勝行，悲智度眾生。

——聖嚴法師，〈菩薩行〉

四年前，在四川汶川大地震災區做災後重建工作的專案評估時，忙裡偷閒，我自己跑到了彭州市的基督教會裡待了一天。在我離開教堂的時候，手裡捧著劉小楓的《聖靈降臨的敘述》，牧師送我到門口，送了我一句話：「要想真正瞭解一種宗教的靈性所在，你需要的不是閱讀他者的歷程，你需要的也不是所謂的宗教研究，你需要的是親信它一次，才能真正體悟到其中的奧秘。」

這些年來，遊走在各種宗教信仰的團體中，基督教、天主教、道教、佛教、伊斯蘭教和巴哈伊教都有涉略，在每種宗教團體中都能感受到信仰所帶來的安詳的美好感，但是卻沒有勇氣去親信其中的信仰一次，去感受宗教中的奧秘。我總是習慣地站在一旁，用「他者」的眼光打量著這些宗教信仰。

出乎我意料的是，在來台灣的半年之後，聽聞法鼓山有短期出家的機會——「生命自覺營」。這在大陸來說，簡直不可思議，居然有寺廟可以提供短期的出家體驗，我所停留過的那些寺廟都沒有這樣的機會，只有選擇出家與在家的單一選項。這是千載難逢的機緣，正好可以有機會去真正讓自己沉浸到佛教之中，感受其中的奧妙。

平時我們都以為出家真的很難，對於出家後的清靜生活無限的嚮往，卻有不捨紅塵俗世的各種誘惑。真正來到法鼓山參加短期出家，才發覺其實出家很容易。出家無非是一個儀式，剃度、授戒、授衣之後便完成了在家與出家的身分轉換。出家真正困難的是出家後的持戒生活。出家人需要受很多的生活戒律。參加生命自覺營的行者（尚未正式出家，但已經遵守出家戒律隨僧團作息的人）都被授予了最基本的行者八戒：

一戒殺生。

二戒偷盜。

三戒淫。

四戒妄語。

五戒飲酒。

六戒著香華鬘，不香油塗身，不歌舞倡伎，不故往觀聽。

七戒坐臥高廣大床。

八戒非時食。

對於我們這些塵世生活習慣的人來講，這些戒律看似簡單，要守持九天已經是非常艱難的事情了，更何況出家人要長期的守持而不犯戒。在寺廟的九天裡，我最害怕的就是犯第四戒和第六戒。平時生活中養成了很多口頭禪，有些罵人的髒話更是隨口而出，完全不顧及他人的感受。法鼓山的九天，常常碰到不好的事情的時候，總是要頗費一番功夫把到口邊的那些髒話吞嚥下去。如此反覆幾次，甚是痛苦，也正是這份痛苦，教我更加深刻地意識到自己的這個習慣已經到了多麼深的地步，惡口傷人常常不自覺。

在平日裡，喜歡在嘴邊哼唱一些歌曲旋律，雖然不知道歌詞裡唱的為何物，卻因為它流行而哼唱，在法鼓山的九天，一個人漫步的時候，總是有一股想哼唱的衝動，總是提醒自己「不行，不行」。之後常常聽佛號唱佛贊，一字一字地領會其中的意思，清楚每個字的含義，並且發自內心的敬畏與感動而唱出，才發覺自己已經在燈紅酒綠的流行潮流中迷失了自己。

我們在生活中常常害怕很多的規矩規約，害怕這些的束縛讓自己失去了更多的自由，可是當心沉澱下來反觀自己，這些所謂的自由又給自己帶來了什麼？在練習持戒的九天時間裡，經常湧動在心頭的那些犯戒的衝動讓我更加看清楚了平日自己的言行舉止，戒律雖然對於自己來說可能是一種限制，但是如果這種限制能夠給他人帶來尊重，那這種限制又何嘗不好呢？當你尊重別人，當你讓別人自由的時候，你自己才能真正也獲得尊重和自由。聖嚴師父有段開示語講得非常好：

一般人都以為戒律很可怕，其實戒律非常簡單，就是一般人應該遵守的生活規律。消極的是對人有害的，不應該做的事就不要做；積極的是對人有益的事，利己又利他，就盡量去做，這就是持戒的意義。

九天的短期出家，生活並談不上很精彩。每天都是非常有規律地度過，四點起來打坐禪修和作早課，用完早齋之後是出坡，然後是上課學習，午齋和午休之後又是上課學習時間，藥石（晚餐）過後是一日反省自身的時間，八點作晚課和敲鐘，十點準時就寢。

平時熬夜慣了的人，開始的時候總是久久不能入睡，一兩天之後才會適應這樣的規律的作息時間。雖然每天都要早起早睡，但是卻發現精神會變得比往日抖擻。

以前我總是覺得早晚課是相當痛苦的事情，以前在寺廟的時候，就是不忍早晚課之累而早早離開。這次開始用心去誦唱早晚課的時候，關注到每一個字，清楚自己念出的每一個字，感受是非常不同的，常常會被佛語中對於世間眾生的大愛而感動，例如：

「四生九有，同登華藏玄門，八難三途，共入毗盧性海」，不拋棄不放棄對眾生的愛；常常還會被佛語中被世事的警示而驚醒，「是日已過，命亦隨減，如少水魚，斯有何樂？眾等，當勤精進，如救頭然，但念無常，慎勿放逸」，每每晚課念到此舉，心不無為之一顫，平日奔波勞累只求美美一覺，人生漫漫無曾想過年華不再的那一天，不曾真切地感受到時間與生命的短暫和世事的無常；面對歷史長河，我們無能抓住什麼東西，能做到的唯有時刻的精進，不放縱自己，做好每一刻的自己。

我身邊的朋友以為，一旦成為了出家人就可以和我們所看到的那些行走在外的法師一樣開始執事。進入了生命自覺營之後，我才知道，出家人的生活非常講求精進，出家人並非僅僅享受著眾人的佈施，不勞而食。出家人需要有一顆對佛法的修習保持精進的態度，我們常常為背不下短短的《大悲咒》而放棄，可是出家人面對七萬多字的《楞嚴經》一樣要努力的背下來；我們常常會在讀經過程中對不明白的地方忽略過去，但是出家人對於佛經中的每個字都需要下苦功夫弄明白。法鼓山的出家人需要在僧伽大學接受正規嚴格的佛學教育方能出來執事。出家人並非不勞而作，他們都有每天的功課和修行，也需要常常出坡勞動，一日不做一日不食已經成為了禪宗寺廟不言自明的規矩。

宋代百丈禪師德高望重，嚴於律己，直到九十多歲還帶頭勞動。弟子們很不忍心，暗中把他的工具藏了起來。老禪師卻說：「我沒有什麼德行，我怎麼能依賴別人養活呢？」他到處尋找自己的工具，但怎麼也找不到，於是就乾脆不吃飯。

——【宋】道元，《景德傳燈錄》

這就是流傳古今的佳話——「一日不做，一日不食」，這也成為了禪宗代代傳承的家風。

出家九天，我最喜歡的就是出坡。之前在家裡完全不喜歡做家務事，每當媽媽喊我幫忙拖地擦窗的時候，我總會想出各式各樣的理由來推脫。在法鼓山出坡，也是一種禪的修行，把禪修的根本法門「身在哪裡，心在哪裡」運用在其中，把心安放在自己做的事情上，明白身體各個部位的一舉一動的感覺，清清楚楚每一個擦拭的動作，出坡便成為了輕鬆而自在的事情。

之前我最怕就是掃廁所，當分配出坡任務的時候，心裡總是在嘀咕：「千萬不要分到我掃廁所……」果不其然，越是想這件事，它就越會安排到你的頭上。或許這就是一種色相界的考驗吧。之前害怕，因為心裡開始前就對廁所有了成見，「髒」、「噁心」……等形容詞浮現在腦海中，不斷提醒自己，所以心也變得很不情願。可是，當把禪修的功夫帶進來的時候，把自己的關注點和意識點不再集中在自己的先入之見上，把自己的心安放在每一個動作上，把自己的關注點安放在每一處的污點上，人人都需要廁所，把它打掃乾淨，既是造福於他人，更是讓自己受益，如此一想，掃廁所成為了我在那九天中最開心的事情。

吃飯是每個人每天都需要做的事情，可是平日的我們吃飯要麼只是單純的為了滿足口腹之欲而吃飯，要麼為了享受美味而把自己撐得飽飽的。而在寺廟的每個齋堂裡，都會把它叫做「五觀堂」，時時提醒在這裡用齋的人，這裡的齋食來自于四方信眾的佈施，也是來自于四方眾生的辛勤勞作，得之不易，食之珍惜。所以法師常常提醒我們，「當思來處，懷著感恩心、慚愧心用食。」在齋堂的中間，都會掛有「食存五觀」的牌匾，提醒著每位用齋的人，在用齋的同時不忘記做以下五件事情：

一、計功多少，量彼來處。

二、忖己功德，全缺應供。

三、防心離過，貪等為宗。

四、正事良藥，為療形枯。

五、為成道業，應受此食。

到此為止，我已經從出家人的生活中獲益良多，深深感受到作為出家人的莊嚴。以前以為出家會跟電視劇上的劇情般來得如此的容易，只要自己懷有出家的心便可出家，可是哪有這麼容易？父母生養我們長大，所施之恩萬世難報。決定出家不僅需要過自己的關，確定自己真的有離世出家的心和接受出家生活的力，還需要過父母的關。只有父母同意了，方能夠正式出家。清朝的順治皇帝縱使在權利的頂峰，可以呼風喚雨，但是出家對於他來說亦非易事。常常唱〈順治帝贊僧詩〉，總是會被他所經歷的掙扎和虔誠之心所感而泣下。

天下叢林飯似山，鉢盂到處任君餐。
黃金白玉非為貴，唯有袈裟披最難！
朕為大地山河主，憂國憂民事轉煩，
百年三萬六千日，不及僧家半日閒。
來時糊塗去時迷，空在人間走一回。
未曾生我誰是我？生我之時我是誰？
長大成人方是我，合眼朦朧又是誰？
不如不來亦不去，也無歡喜也無悲。
悲歡離合多勞意，何日清閒誰得知？
若能了達僧家事，從此回頭不算遲。

世間難比出家人，無牽無掛得安宜。
口中吃得清和味，身上常穿百衲衣。
五湖四海為上客，逍遙佛殿任君嘻。
莫道僧家容易做，皆因屢世種菩提。
雖然不是真羅漢，也搭如來三頂衣。
兔走烏飛東複西，為人切莫用心機，
百年世事三更夢，萬里江山一局棋！
禹尊九洲湯伐夏，秦吞六國漢登基，
古來多少英雄漢，南北山頭臥土泥！
黃袍換卻紫袈裟，只為當初一念差。
我本西方一衲子，緣何落在帝皇家！
十八年來不自由，南征北戰幾時休？
朕今撒手歸山去，管你萬代與千秋。

曾經以為錢對我來說是生命中最為重要的東西，沒有錢的生活連自己都不敢想像，自己來台灣讀書也是為了學得一技之長求生財之路，以為只要有了錢就能讓自己的生活變得美好而幸福。經過九天的出家生活體驗，每當聽到順治帝的這首〈贊僧詩〉，才真正的發覺，世間的無常，錢總是能夠解決衣食問題，卻不能給自己的心帶來安詳和平靜，也不能給自己尋得一個安生立命之處，為錢而活的人生讓自身的價值變得空洞，更何談幸福與美好。幸福與美好最終還需要求諸於心，只有自己的心清楚明白，尋得自己的生命著力點，才能撬動自己的整個人生，讓它變得有意義。

在佛教裡面，出家是前世所造的因換來的果，所以並非所有的人都會有出家的因緣。能夠順利出家的人都是非常有福報的，而且出家授戒具有無量的功德。出家九天最讓我感動，最懾服我心的就是，不論是在出家授八戒和皈依授五戒，還是在每天的念經誦咒過程中，法師們都教導我們，不要害怕把這些功德分享出去；法師們都會教導我們，一起把這些功德回向給自己的親朋好友和一起眾生。曾經聽過果琪法師的開導：「怎樣你才不會餓死？把自己手中的飯分享出去，當你把飯分享給越多的人，你就越飽足，因為每個人只要也跟你分享一點飯的時候，你就成為最富有的人，你就不怕餓死了。」

我們平時求神拜佛都為自己的事情求，從沒有為身邊的人和眾生求；平時只怕為自己積攢的功德不夠而努力，卻從沒有把這些功德都回向給身邊的人和眾生。當法師帶領著我做每一次的功德回向的時候，我發現心中除了一陣陣無名的感動之外，更是充滿無限的法喜，利人即是利己，世事無常又何必固執於自身呢？

出家十日，不長不短，卻所獲頗豐。平時的我總是害怕片刻的安靜和閒著，總是用歌聲或者遊戲填充掉生活的每個空隙。出家十日，利用每一刻的安靜和閒著，試圖內觀自己的身心，與自己的身和心對話，才發覺我已經冷落它們很久很久。出家十日，讓自己的心沉澱下來，不在忙忙人海中找尋漂浮的夢，而是清清楚楚地問自己的心，尋找撬動自己整個生命的著力點。再起身出發，已是不同的心境，不同的風景，不同的姿態。

或許這就是深入信仰之中才能體悟到的奧妙吧！

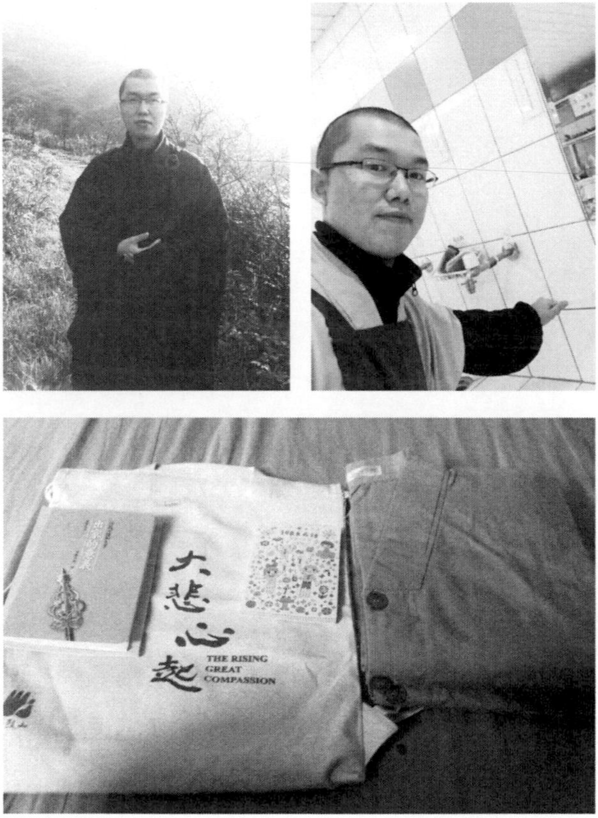

短期出家的九天，經歷人生的另一種生活體驗，身心得到的安定，更禪定中找到了自己的生命立足點

是省長還是總統？

在寫作這本書的過程中，我曾經托我的導師把手稿交給馬英九先生，並附上了一封信，希望馬英九先生能夠有機會跟陸生坐下來一起聊聊天。後來，我導師回來告訴我：「馬總統很想找個時間跟你們陸生見個面，已經吩咐其秘書安排此事了。」最後時間定在了四月二十八日在南台科技大學，馬英九先生與一百位陸生、一百位大陸交換學生和台灣學生見面座談。這是件多麼不可思議的事情，對於大陸人來講是多麼難得的事情。在大陸，別提跟胡錦濤或溫家寶，就是省長也是很難那麼近距離接觸和座談的。因此，當聽到馬英九與大陸學生座談的消息是多麼振奮人心。

我和兩個朋友約定搭乘凌晨兩點的和欣客運前往台南。在候車的時候，我們仨就開始想像面見馬英九時的場面和心情，其中一個朋友問：「你看我今天穿得有什麼不同？……全身上下都是藍色！」另一朋友更指著胸前別的胸針說：「你看我這個國民黨黨旗胸針，我專門去買來帶上參加這次會議的。」我也上下左右查看自己的衣著，終於找出一個說法：「你們看，我專門穿來印有國父孫中山形象和『天下為公』四個字的襯衫過來。」

一夜的車程，一夜的激動，一夜的想像。白天到達台南，只有坐在三百人的大會議廳遠遠觀看馬英九的份，我們三似乎有了些許的失落。只好安慰彼此：「人家頂多也就是個省長，需要讓我們如此那麼激動嗎？」

這是一個很弔詭的地方，對於馬英九，我們是當總統看還是省長看？在大陸學生代表發言的時候，代表學生就提到自己花費了整整兩天時間思考如何稱呼馬英九先生的問題，稱呼「總統」對於大陸人來講是不合適的，可是稱呼「先生」又覺得有失尊敬，稱呼「省長」在台灣是萬萬不行的，最後選擇了稱其為「小馬哥」。馬英九也欣然接受如此娛樂化的稱呼，這對大陸領導人來說，是很難想見的。我朋友雷闖寄出三百多封信邀請溫家寶總理吃飯以求消除乙肝歧視而石沉大海。當年更有人因為與周恩來總理握手而不敢洗手，生怕把與總理握手的印跡洗掉。

MEMO 7
另一種視角：他者之音

在本書的最後一部分，我邀請了兩位朋友來分享他們眼中的大陸和台灣。

一位是我在大陸的朋友，礙於他的敏感身分，他不願意署名寫作以免給我帶來不便，我愛稱他為「光頭」。台灣人愛打卡，光頭也喜歡這麼做，但是他這樣做是為了保護自己，藉此讓他的朋友知道他在哪裡，他常笑著說：「我不愛玩失蹤，就怕自己都不知道怎麼死的？」光頭是被大陸政府列為禁止出境的人物，唯一一次上北京開研討會，剛下飛機便被送上回程機票要其打道回府，更不用奢想到港澳台地區。但是他一直很嚮往台灣，無奈的他只能透過文字瞭解台灣，台灣也給了他很多在社會運動和社區營造方面的經驗和支持。

我的另一位朋友是台灣人，他熱衷於精神分析，於是他選擇了跟隨四川大學的霍大同教授。可是他對於大陸的生活一無所知，所以他為了夢想，勇氣出發，找了一份外派到四川成都的工作，借機提前適應大陸的人情和生活，也為將來的學業做鋪墊。

被禁足的大陸人的台灣想像

對於我這個從未去過台灣的大陸人來說，台灣一直只是一個抽象的符號，更多的時候其實只是一種熟悉的政治口號，直到最近幾年才有所改變。

我生長在中國最窮困的貴州省，那裡物質匱乏，資訊不暢。小時候所有關於台灣的印象都是來自教科書和電視。人們常說：「謊話說了一千遍就會變成真的。」但這話並不總是正確。隨著年歲的增長，小孩子常有的叛逆使我開始懷疑教科書，開始懷疑電視訊息，開始懷疑老師們的話。從那時起，我開始懷疑「自古以來台灣就是中國神聖領土不可分割的一部分」。

高中畢業後，我來到華南第一學府上學，這一時期我和我的同學們一樣開始使用電腦。大學和互聯網這兩樣東西並沒有天然地讓我對這個國家對這個世界有更清醒的認識，而所有認識上的改變都需要有自己的主動探索。

對台灣的認識的改變，在大學上的幾門課程對我還是有幫助的。其中一門思想政治課，講師在講台上繼續中小學教師的台詞，但投影片上出現的一張地圖卻讓我聯想到台灣的地理位置對於中國經濟的重要性，這主要體現在海路航線上，台灣是中國開啟廣闊海上運輸的鑰匙。於是我開始懷疑，台灣問題其實是經濟問題而不是政治問題。

另一門課的名字好像是「影像中的台灣」，老師是政務學院的，她通過一系列介紹加影片的形式，讓「台灣」在我的心中不再是一個政治口號，而是一個具體的形象，有歷史，有文化，有活生生的老百姓和人間百態。

另外像大陸禁書，龍應台女士的《大遷徙，一九四九》也讓我對台灣的歷史有了更具形象和人性化的瞭解。當然，這得益於我對被封禁的東西有一種天然的好奇。當然，這一時期我也看了一些台灣的其他書籍。

與此同時，大學的最後兩年我開始翻牆（維基百科：突破網路審查或突破網路封鎖，俗稱翻牆），這對於我清醒地認識自己所處的時代和這個世界（當然也包括台灣）都有著巨大的益處，因為網路封鎖不僅封鎖了外面的資訊，還封鎖了國內的許多政府不願意讓老百姓看到的東西。

除了翻牆能夠獲取對台灣更多的認識外，無論是從台灣過來的大學交換生朋友還是去台灣回來的交換生朋友，他們提供的訊息對於我瞭解台灣來說都是有著極其重要的意義的。

當台灣對我來說已經不再是政治口號和政治符號的時候，我離開了大學，開始對台灣有了更多的認識。

機緣巧合，還沒有畢業就開始從事一項要向台灣學習的工作——將台灣的社區大學模式「移植」到中國大陸。對於台灣的社區大學，我能夠瞭解的管道是非常有限的，除了社大文庫的幾本書籍和蘆荻社大的招生宣傳冊，我只能通過互聯網去獲取更多的資料。但這些都沒有能夠形成我對台灣的更深一步的認識。

對台灣的更進一步的瞭解，緣於一系列台灣電影，它們使我感受到台灣的歷史更真實更具形象。從鳳凰衛視的專題紀錄片《遷徙》，到《戀戀風塵》、《童年往事》，再到《多桑》、《香蕉天堂》，到《風櫃來的人》、《我們都是這樣長大的》和《搭錯車》等等，這些台灣七八十年代的片子，讓我看到了今天的中國。台灣戒嚴時期和解嚴後台灣社會文化生活的狀態，看在我眼裡都是那麼的實在，那麼的真實，因為那不只是台灣人的歷史，也是我們正在經歷的故事，所以這個時候的台灣在我的眼裡已經變成了有血有肉的兄弟。

我想用朋友的話來結束這篇文章：兩岸的問題不是兩岸政治家的問題，而是兩岸人民的問題，擴大兩岸民間的自由交流對於解決兩岸問題有著非常重要的意義。

不在台北的成都

來到四川成都將近四個多月，主要在這裡的教育機構擔任兒童素質教育的講師一職，從一開始認識其他從事教育的年輕與資深老師們，以及在這裡經營廣告公司的兩位總經理，到後來一起合作的朋友們，一個在國航擔任乘務員十六年，一位是過去在電腦軟硬體創業多年的老闆，因為工作關係，拜訪了很多小學的校長以及國航與台辦的一些領導，以及後來在四川大學認識的一群研究所朋友們，他們來自不同的省分，讓我雖然不能親自去到當地，卻也能聽聽他們訴說當地的故事，更多時候，是與我的學生們，一群國小一年到到六年級的小朋友們，還有他們的家長們，短短的四個多月，因為接觸的人所處領域的不同，尤其是透過家長們的交流，讓我深深的體會到，隔著一道海洋的兩邊，存在著非常多的差異與距離。

記得二〇一一年十一月底，第一次來到大陸，當時的成都已經開始有點冷，前面兩個星期，可能因為水土不服所以生了兩次病，那時同事們總會問我：「之宏，你適應成都嗎？」適應這一詞，有兩種層面，但我相信他們好心問的是兩者都指，物質上的與精神上的。而從物質上來說，當然對於成都的飲食，到現在我都不太適應，並非全為地域的不同造成，而是在台灣本身就不喜歡吃火鍋，也不喜歡吃辣，更不喜歡吃油膩的食物，而正好在成都，當地人的飲食，是以鍋類為主，更是辣而且較為油膩，當地人的說法是因為成都冬季濕冷，所以吃辣與油膩是生理上的一種需求，只是正好我都不習慣。

在這裡每一個省分因為佔地都很大，人口也眾多，所以有所謂不同的省分就會有不同的方言與文化，這點是十分明顯的，而經過四個多月，我最喜歡吃的食物，是在這裡很少人去吃的東北菜，酸甜的調味可能比較偏像台灣的一些味道。而在精神上，始終讓我感覺這裡是一個矛盾的都市，剛來到成都時是住在航空花園附近，當地人稱為有錢人的地區，的確，每每經過路上，看到的高樓大廈一點都不亞於台北的建築，滿街的名牌跑車，象徵著這裡的繁華與進步。只是，當一個人走在路上，總是看到行人隨意地吐痰，即使男男女女身著華麗整齊的服飾，卻很自然地隨地吐痰，讓我感到矛盾。滿街的名牌跑車寶馬、賓士、每日都可見到法拉利、勞斯萊斯，但是身為一個行人，我始終害怕過這裡的馬路，因為斑馬線如同一種藝術品，只印記在馬路上，但並不具備保護行人的效果。在這裡「行車要禮讓行人」這個觀念是錯誤的，因為人必須要讓車子先過，而我針對這件事情與當地人討論時，反而卻被認為我是異類了。馬路上時刻都可以聽到長按超過三秒的喇叭聲，此起彼落，這裡用來溝通的語言，喇叭聲也包括在裡面。在一般商店買東西，總會有人隨意的插隊，但是卻沒有人指正，而結帳的服務員，也從不考量在排隊等結帳的人，因此所謂的入境隨俗，對我來說其實是有點讓自己的文明素質倒退。這是我到現在對成都始終的印象，進步的硬體與素質不夠的文明，如此強烈且鮮明的對比呈現著。而後來慢慢理解到這樣的一種現象始終存在於人的行為上，因為不論是開車還是騎電瓶車甚或至是路人，都並不按照交通規矩行走，逆向、任意轉換車道、突然路邊停車……等等，因此如果不用喇叭來警告，隨時都有可能在不應該撞到車或人的地方撞到車或人，那是一種無奈的妥協，好像大家都明白，但是卻無力改變。

「四川成都，愛恨交織之所在」，因此我對於這裡充滿著矛盾與不適應，在一開始的ＱＱ上，那句話是我的最佳寫照，我喜歡這裡的小朋友，純真可愛，我也很喜歡我在這裡認識的好朋友們，但卻同時，讓我不喜歡在這裡的很多原因，不是因為落後的建築與擁擠的人群，而是看似充滿文明的服裝裡面，卻包著不足的文化涵養。

學校的教授以及家長們，很多時候也都同樣抱怨，不論對於教育制度，或者是整個文化，甚至許多生活中的小插曲：「中國的一一〇真是垃圾！」出自從一個想打電話詢問的人口中；「中國的交通就是爛！」出自一個出租車師傅的口中；「所以中國才會被叫懦夫，活該！」出自一個小學五年級，我的學生口中；「中國足球協會讓中國足球丟臉！」出自一個熱愛中國足球的球迷口中。

為何不用成都卻用中國，是否整個大環境目前還是無法讓所有的人感到滿意？這裡的大人，總是會告訴我從文革之後，造成的傷害與自卑，但也同時為了自尊所以說感謝文革。但同時每一個省分的個人也以自己所在的省分為傲，而貶低其他的省分，不論是人品還是飲食或者是文化都可以一一批評，然後說自己所在的地方是如此的美好，就像一位這裡的家長對我說：「是阿，哪個人不說自己的家鄉好呢」。歷史的前進，沒有絕對的好與壞，因為人民沒有選擇的權利，只能接受已經存在的歷史。我從來都不討厭過去的歷史，不論美醜，但是讓我難以釋懷的是，即使擁有了經濟的能力，卻仍然對於現況不滿僅僅表示一種沉默妥協。

我問為何川大沒有社團呢？因為來到成都之後，想繼續找社團練擊劍，才明白這裡的學生社團除了少之外，性質完全不同於在台灣大學時所認知到的社團，並不是有那麼多的選擇，也沒有那麼多的可能，即使一所大學很大，但是裡面對於學生多元選擇的可能性卻非常的少。使用網路時，除了要想辦法翻牆，造成的不方便與網速慢，我試著問當地的朋友們，為何如此？有些家長告訴我，因為大陸太大，所以資訊如果過於自由就會有動亂，於是更改新聞內容？所以控制國際訊息的傳遞？但是這裡的每個人都知道網路在大陸是封閉的，是被限制的。

有幾次跟幾位來自不同地區的朋友徹夜相聊，雲南、浙江、哈爾濱的朋友，我跟他們分享了一些只有在台灣看的到、聽得到的消息，聽完之後，大家沉默了一陣子，我道歉說：「不好意思，我不該說這些，有時候知道的不要太多其實是一種幸福。」這些學生朋友回答我說：「我是知識青年，我不想活在一個甚麼都是被修改過被包裝過的真實世界。」但有時候想想，也許真的一生中知道的不多是一件幸福的事情，只需要照顧好自己與家人，吃得飽，穿得好，開開心就好了，何必知道那麼多呢？或許大陸的政府也是為了保護自己的民眾，畢竟這個世界已經夠複雜了。但是，我不是這裡的人，我沒有辦法讓自己變成跟這裡的人一樣，我寧願知道一些醜陋的真實，也不想活在人為修改的美夢之中，而這裡的年輕大學生迫切的想尋求到某種可以讓自己認可的歸屬，到底是要從文化，還是從知識裡面，卻始終迷茫的追尋一種只要不同於現狀的自由，就認為是真正的自由。也許，因為好幾千年的包袱與人格設定，註定的生命模式，也許不一定不好，這也是我在這裡之後，開始思考的事情。

美好的？在這裡認識的第一個好朋友，是一個只有七歲的小男生，也是我第一個學生，母親是在水利水電領域的主管，父親是從事房地產業的主管，後來我們變成了好朋友，他母親說：「你們就當忘年之交吧。」我很驕傲，也很開心，我很喜歡每次跟他出去玩，即使年紀相差很多，聊的話題也很有限，即使我們成長的背景與價值觀差異這麼多，但他就只是很勇敢單純地告訴我說：「王老師，我喜歡你。」是啊，喜歡一個人的時候，年紀與文化甚至背景這些就全部都不存在了，而也只有當好朋友是個小朋友的時候，才有可能發生這樣的美麗意外，大人的世界太多歷史包袱，卡在彼此跨不過去的差距與不同，很多時候我都在想，我的祖先也是在這塊大陸上出生的，但是當我回到這裡時，卻與這裡講著一樣語言，長的一樣的同胞之間，少了那被撕去的一頁。

「之宏要不要在成都住下呢？」一些對我很好的長輩與朋友，都問過我這樣的問題，但我只是微笑的帶過，我知道成都很美好，知道這裡文化保留得很完整，也曉得這裡的人很好客，這裡有世界出名的川菜，這裡有很多古老的遺跡，只是⋯我所需要的不是上面的這些東西，每個人的生命裡面，都有在追尋的一些東西與方向。成都很美麗，我也很喜歡郊區的風與道路，台北也許真的太小了，台灣也真的很小，可是，那裡卻有著我習慣的人文咖啡廳，那裡有我習慣的自由空間。一位教授與我分享他在法國時第一次接觸台灣的學生，說台灣的學生保留更多中國的傳統，當時我聽完卻很不好意思，因為我不像我在這裡認識的一些成都人，常常口出文章，並且對歷史很清楚甚至吟詩舉成語為例。而一位很好的成都朋友告訴我說：「大陸人外表好像很中國，但是骨子裡卻很分裂，雖然你覺得你在台灣成長的環境是東西方融合，但你們骨子裡卻比我們更像中國人。」後來，在這裡的一些朋友與長輩，表示他們其實很認同這句話，於是我也才開始去思考，之所以他們會這樣認為，並非我真的知道的歷史、背誦的詩有他們多，而是相較於從過去到現在，我們所經歷的，是如此的不同。

成都與台北，相隔了一千多公里，跨過了一片大海，我在成都四個多月，留下了一點點痕跡，但是卻不會停留，我感動在這裡遇到的動人故事與笑容，也被這裡單純的真情深深溫暖，只是，我明白我在這裡不會快樂，因為我無法丟掉在台北習慣的生活標準與模式，所以其實說起來，並不是好壞之分，不過就是生活的一種習慣罷了，一種態度的認同而已。而我，不會更改我的習慣，也不會拋棄我的認同，但會尊重存在。矛盾，存在於一段過程之中，一段屬於正在改變的過程之中，沒有人知道會改變成怎樣，我們都期待與希望，能讓生命更美好。那個小男生剪了一個剪紙（當地稱為窗花）送我，我故意問他說：「我們這麼不一樣，為什麼你喜歡我呢？」他把頭轉開看別的地方說：「我學的語文還不夠多，不太會講，可是我知道我很喜歡你。」這是一個在成都長大的小男生，他今年七歲，小學一年級，在二〇一一年的十二月，在培訓學校認識了一位從台灣第一次來大陸的老師。我是之宏，從台灣台北過來成都，在這裡四個多月，我喜歡成都的原因，是因為我在這裡認識了一個只有七歲的好朋友，他叫胡凱焯，我不知道原因，但是我知道我很喜歡他，他是成都人。

中華多元智會發展學會會員　王之宏
畢業於國立台灣大學心理學系
目前於四川成都惠群育德教育擔任講師

感恩江湖行

終於可以到合上書本的時候，感謝每一位堅持讀到這裡的朋友，感恩你們隨著書本的文字陪伴我一同走過在台的半年生命歷程。這不僅是我在台灣文化的衝擊中思考和重審一直以來生我養我的大陸和中國的過程，更是我在台灣半年來不斷尋求生活適應和靈信自由的過程。

剛開始寫作這本書的時候，完全為了心中的一股氣，一股希望為自己鳴不平的冤枉氣。可是隨著文字的書寫、思緒的展開和生活的對話，寫作的初衷也隨之改變。這些都要感恩於一直挑戰我內心固有成見的台灣朋友，他們既讓我看到了台灣的可愛，也讓我深刻感受到台灣的侷限。

這本書很短小，它就像是一塊磚，我把它狠狠地扔出去，希望能夠打破台灣青年人對大陸的迷思，也希望能夠通過這塊磚頭的力量觸動大陸青年人那根敏感的神經，期望達到以書會友、以書相辯、拋磚引玉的效果。

我應當非常感恩《旺報》主筆室的編輯朋友們，他們在此書還未最終成型之前，率先對此書的部分章節做了連載工作，單篇單日的網路點閱量破萬，引來了諸多台灣和大陸青年的批判之音。最讓我沒有想到的是，有一位台灣法務部官員找我談話，勸我不要以「大陸不可怕」為題，他很難想見大陸可愛的一面。有很多的大陸網路鄉民在文章評論中直指我是「一個台獨派雇傭的假陸生寫手」，他們難以接受我對於台灣文化主體性的尊重，「獨」是他們在台灣問題的思考中無法接受的字眼。

看著這些的各種各樣或好或壞的評論，心中並無特別的喜猶之情，更多的是覺得很好玩很有趣，在點擊滑鼠瀏覽評論間，讓我更明白這兩岸政府多年來推動的教育之成功和徹底，更明白這兩岸人們之間存在的各種臆想和誤解，也更明白自己在這夾縫之中存在的意義所在。

當然，一直在田野打滾的經驗告訴我，如果想用一本書來訴說真實的台灣或者大陸，只能是癡人說夢話。每一個地方，每一個社會，每一種文化，對於每一個人來說都有著不同的蘊含和意義，這些都因著彼此的差異而變得鮮活，而這份差異和精彩又全在於你我的心間，它需要我們身在其中，細細生活，慢慢品，道不盡，意無窮。

跟台灣人到大陸不習慣車鳴聲不斷的街道一樣，大陸人也不習慣台灣捷運上滴水不能沾的規定；跟台灣人到大陸不習慣你來我往的吆喝聲一樣，大陸人也不習慣台灣謝謝聲無孔不入的客套禮貌；跟台灣人到大陸不習慣擁擠的水泄不通的公車一樣，大陸人也不習慣台灣的大街上千里難尋垃圾箱的設置……

我不來台灣，台灣永遠只能是我從國小的教科書中讀來的「寶島」想像；我不來台北，台北永遠只能是我從我生活的大都市印象中勾勒出來的城市想像；我不來台大，台大永遠只能是我從世界大學排行榜上得來的數字符號。

我選擇離開大陸，是一場旅行，更是一場江湖行走。生活就是一場生命的旅行，到達異域，把自己放在差異文化的激蕩漩渦中，才能更好地重新審視滋潤我們長大的文化；一個人就是一個江湖，走出去，跟他人華山論劍，方才能夠知曉自己的斤兩，重新審視自我為何物。

不過，中國有句古語說得好，「出門在外靠朋友」。從踏上台灣這塊土地，到這本書的成型，都少不了我身邊朋友的幫助和支持。我的指導老師黃光國教授，給我在台灣的生活提供了很豐盛的學術盛宴，「本土化」之路雖然艱辛難走，卻是復興我中華文化的「阿基米德點」[5]；台灣大學的僑陸組在學習和生活上都提供了資訊的支持和協助，

5 阿基米德（Archimedes）曾說：「給我一個支點，我就能撬動地球。」

給了我這個對台灣大學完全陌生的陸生很多的安全感；在我學業上遇到困難和挫折的時候，很多的師生也非常關照，吳瑞屯教授特別挪出時間幫我溫習功課，孟峰學長和欣萍學姐更是陪伴我順利完成「實驗設計」課程的好戰友；在我生活上，要非常感謝之宏、啟新和阿發三位好麻吉，不僅帶我逛遍全台北，更是介紹了很多台灣朋友給我認識，讓我跟他們有了更多的互動和交流；我也要特別感謝穎秀、孟娟、采裘、二華、寒羽、孟君、登儒和法鼓山的法師菩薩們，總是在我最需要的時候給予我最正向的能量和陽光般的笑容。

雖然這是一本小書，但是它的誕生亦是一件不易之事。在整個過程中，得益於很多力量的支持才能夠讓此書得以成型面世。首先要感謝的是馬丁堂學社四年來對我的栽培，與來自各個領域的青年人相伴、相談、互學，才有了我自身更廣闊的視野和理解多元的胸襟，也是來自學社夥伴的支持和鼓勵，讓我有了出走台灣的勇氣與決心；其次我要感謝的是我的那些台灣朋友們，他們願意花時間和精力跟我交流和玩耍，讓我有了這些不一樣的體會和感受；第三要感謝那些一直為此書默默付出的朋友們，他們一直鼓勵和支持我完成此書，在幕後努力地為本書的出版找尋各種資源，也為本書不吝提供各種照片材料和答應我的約稿；第四要感謝秀威資訊的宋政坤總經理、林泰宏編輯等人對此書的厚愛，得以讓它終於變為觸手可及的文本，感謝公益信託吾哈進碧教育基金會和林金源董事長對此書的支持；最後一定要感謝的就是生我養我的大陸和現在腳踏的台灣，兩岸各種歷史、社會和文化的錯綜複雜的關係，給我帶來很多或好或壞的遭遇和感受，充實了我的生命經歷，這種衝擊也帶給我更多對生活和生命的思考。

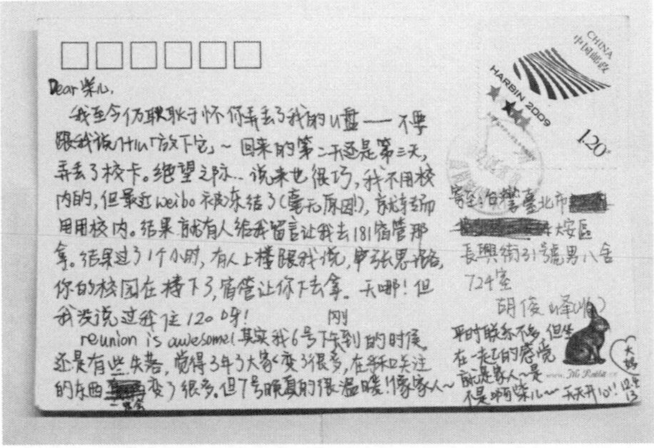

每天都會不自覺地打開信箱查看信件，每當發現信箱中靜靜地躺著來自大陸的明信片的時候，是我在台北最為幸福的時刻

尾聲

每天在台北待著，總是有很多的抱怨，抱怨最多的就是台北的天氣，一個星期七天中居然有四天都是雨天。

有時這雨水也不管這個城市的緊張與喧囂，悠哉悠哉地下個不停，七彩的花傘搭配著台北這座小城小街，獨有一番滋味在心頭。

每日出門總是要守望在視窗，躊躇上那麼幾分鐘，猶豫著要不要帶傘、要不要穿拖鞋、要不要騎腳踏車的問題。雨天裡騎腳踏車總是有種不安全感，一手騎車一手撐傘的自己生怕在哪個拐彎口一不小心撞上了別人，或者被別人撞飛。

每次離開了台北，從空中往下看這個城市，驀然回首，才突然發覺台北的好與可愛，彷彿中了台北的毒一樣，登「陸」的那一刻便開始了水土不服。

新銳文學16　PG0801

新銳文創
INDEPENDENT & UNIQUE

台灣，你可以更讚

作　　者　胡俊鋒
責任編輯　林泰宏
圖文排版　郭雅雯
封面設計　陳佩蓉

出版策劃　新銳文創
發 行 人　宋政坤
法律顧問　毛國樑　律師
製作發行　秀威資訊科技股份有限公司
114 台北市內湖區瑞光路76巷65號1樓
電話：+886-2-2796-3638　傳真：+886-2-2796-1377
服務信箱：service@showwe.com.tw
http://www.showwe.com.tw
郵政劃撥　19563868　戶名：秀威資訊科技股份有限公司
展售門市　國家書店【松江門市】
104 台北市中山區松江路209號1樓
電話：+886-2-2518-0207　傳真：+886-2-2518-0778
網路訂購　秀威網路書店：http://www.bodbooks.com.tw
國家網路書店：http://www.govbooks.com.tw

出版日期　2012年10月　初版
定　　價　250元

國家圖書館出版品預行編目

臺灣, 你可以更讚 / 胡俊鋒著. -- 一版. -- 臺北市：新銳文創, 2012. 10
面； 公分. --(新銳文學 ; PG0801)
BOD版
ISBN 978-986-5915-11-7(平裝)

1. 臺灣文化

733.4 101016247

讀者回函卡

感謝您購買本書，為提升服務品質，請填妥以下資料，將讀者回函卡直接寄回或傳真本公司，收到您的寶貴意見後，我們會收藏記錄及檢討，謝謝！如您需要了解本公司最新出版書目、購書優惠或企劃活動，歡迎您上網查詢或下載相關資料：http:// www.showwe.com.tw

您購買的書名：________________________________

出生日期：________年________月________日

學歷：□高中（含）以下　□大專　□研究所（含）以上

職業：□製造業　□金融業　□資訊業　□軍警　□傳播業　□自由業

□服務業　□公務員　□教職　□學生　□家管　□其它_____

購書地點：□網路書店　□實體書店　□書展　□郵購　□贈閱　□其他

您從何得知本書的消息？

□網路書店　□實體書店　□網路搜尋　□電子報　□書訊　□雜誌

□傳播媒體　□親友推薦　□網站推薦　□部落格　□其他__________

您對本書的評價：（請填代號　1.非常滿意　2.滿意　3.尚可　4.再改進）

封面設計____　版面編排____　內容____　文／譯筆____　價格____

讀完書後您覺得：

□很有收穫　□有收穫　□收穫不多　□沒收穫

對我們的建議：________________________________

____

____

____

請貼
郵票

11466
台北市內湖區瑞光路 76 巷 65 號 1 樓
秀威資訊科技股份有限公司 收
BOD 數位出版事業部

（請沿線對折寄回，謝謝！）

姓　　名：____________ 年齡：______ 性別：□女　□男

郵遞區號：□□□□□

地　　址：________________________

聯絡電話：(日) ____________ (夜) ____________

E-mail：________________________